广西壮族自治区
地方志编纂委员会办公室 编

广西风物图志

古村镇
GUCUNZHEN

第一辑

吕瑞荣

著

社会科学文献出版社
SOCIAL SCIENCES ACADEMIC PRESS (CHINA)

总　序

　　《广西风物图志》的问世，是地方志书出版的一个新尝试。

　　广西地处边陲，历史悠久，民俗民风独特，秀美瑰奇的山山水水，百越和中原长期融合形成的绚丽多彩文化，呈现着许许多多引人入胜的特色和亮点。《广西风物图志》正是将广西那些自然、人文方面最有特色、最具亮点的内容单独提取出来编写成志，并形成系列。与20世纪80年代出版的一卷本《广西风物志》相比，《广西风物图志》丛书重点更加突出，内容更加丰富，这就如同将串起的"珍珠"，在强光下一颗颗聚焦，在交相辉映中更显奇光异彩。

　　《广西风物图志》几乎每页至少有一幅图，或是景物图，或是风情图，或是实物图，或是特制图等。这些图，不仅为内容做了恰如其分的说明和配合，而且在阅读上给人一种生动活泼的感觉。这种图文并茂的表现方式，使内容更加直观、通俗易懂，更加容易被广大读者接受，顺应了"读图时代"的潮流。

　　《广西风物图志》由广西壮族自治区地方志编纂委员

会办公室精心策划，组织对本选题内容有较深研究、在学术上有造诣有成果的专家纂写。既坚持志书秉笔直书传统，又不囿于志书的述而不论，在叙述中，读者会看到带文学笔触的细致描写、个性色彩的点评或论述，但这些描写、点评或论述，绝对不是凭空而作，而是建立在作者长期的学术修养和地方历史知识积淀基础之上自然生发的。采用这样的写法，是希望其能成为受广大读者欢迎的广西地方志书的普及读物。

作为尝试，《广西风物图志》难免会有诸多不足之处，希望广大读者，特别是有关专家学者指正。

2017 年 12 月

前　言

　　广西人文资源丰厚而且珍贵。广西虽然位处祖国边陲，但文化历史悠久而且成果辉煌。在五帝时期的颛顼时代，现今的广西地区就是古华夏母体的有机组成部分；其本土文化的先声——殴越、骆越文化是古华夏文化的重要源头和组成部分。秦统一岭南直至以后各朝，对于促进广西地区的民族融合、加强广西地区与中原地区的文化交流、推动广西地区社会的整体发展，产生过积极而巨大的作用，而广西地区人民对国家的贡献也日益勋著。在东汉及其以后很长一段时期，广西曾经成为江南经学文化重地。自隋朝首开科考直至清末，广西全境甚至文化相对落后的左、右两江流域，人才辈出，好学之风蔚然。其民性刚毅，民风淳厚，历史上广受周边地区乃至全国人民称道。鸦片战争以后，中国失去的领土动辄以数万乃至数十万平方公里计，陆地边界北、西、西南无处不被列强蚕食，然而独有广西边境得以基本保全。时至今日，广西作为全国五个少数民族自治区之一，其社会整体，包括政治、经济、文化、教育以及民族关系等各个领域，堪称民族地区和谐、和融的典范；广西各民族、各地区人民的文化审美心理互相影响甚至融合，达到了大致相同和相近的境界。广西各民族、各地区人民相同或者相近的文化审美心理，成为广西区域文化最重要的特征，使广西社会整体向更高层次发展具备了重要基础和推动力量。

广西古村镇及其体现出来的文化特质，是广西文化的重要组成部分，是人们认识广西的重要媒介，更是广西重塑文化形象、发展新型村镇文化的重要基础。广西既大量地继承并发展了古百越文化，同时又广泛地吸收并融合了来自全国四面八方的文化元素，尤其汉文化元素，进而在继承、发展与融合之中形成了具有多元色彩的广西地域文化。这种继承、发展与融合，既体现在广西各地方的家族、民族的形成和演变过程中，也凝聚在广西古村镇建设的历史里。广西古村镇的形成与发展，为我们今后新型村镇建设提供了难得的宝贵借鉴；广西古村镇的演变，也促使我们更为全面、深刻地反思。广西古村镇的形成与发展模式在今天固然难以而且没必要简单地复制和模仿，然而其发展的规律仍然值得我们探讨与揭示，并从这些规律中获取真正的教益。

《广西风物图志（第一辑）·古村镇》着眼于自然与人文所构成的整体生态视域，力图勾勒广西古村镇发展的历史风貌，展现广西古村镇的文化底蕴，从村镇形成、发展和保护的侧面，揭示广西人民在历史上对文化的艰苦追求及卓越的创造。书中所选取的古村、古镇，大多各有特色，而且都有自己的文化标志，其认识价值和传播价值都是极为丰富的，在一定程度上是广西秀美的山水和厚重的人文有机融合的结晶，蕴含了广西人民宝贵的物质财富和精神财富。

吕瑞荣

2017 年深秋于邕城

目录

第一章

古村镇概况

第一节　古村分布

　　广西很早就有人类居住，但出现较为稳定的群落应该在旧石器时代晚期或者新石器时代早期。在新石器时代，广西先民已进入农耕阶段，特别是平原河谷地区，农业和渔猎都比较发达。他们使用木石工具和陶器，用野麻织布，同时驯养禽畜。从考古工作者发掘与清理的文化遗址看，当时广西先民的定居聚落多则三四百人，少则一二百人，这可以算是广西早期最为原始的村落雏形。村落的基本建筑设施，大多是简单修理的岩洞或是巢居型屋宇。

　　旧石器时代晚期，在今广西右江盆地、十万大山河岸、梧州周边的西江河谷地带、桂中岩溶地区等都有人类活动，而且形成了较为稳定的人类群居场所。进入新石器时代，"洞穴贝丘"、"河旁贝丘"和"海滨贝丘"等广西早期人类较为稳定的居住场所，广泛分布于广西各地。与此同时，原始农业和畜牧业已经出现，人们的生产和生活条件获得改善；大量的陶制品和其他日用工具也被广泛制作和使用。可以推测，原始农业、畜牧

图 1-1 位于桂林市城区南部的甑皮岩，周边遍布沼泽，远古时期应该植被繁茂、兽
　　　类密集、鱼虾丰盛，是原始人类理想的栖息繁衍之地。甑皮岩及其周边的岩
　　　洞，曾经广泛地生活着新石器时代的人群。2015年2月摄。

图 1-2 新石器时期著名的甑皮岩人生活遗址，位于甑皮岩山脚的岩洞里。遗址中
　　　有较为分明的功能区划分。这个山洞或可算得上是广西最早的古村落雏形。
　　　2015年2月摄。

业和手工制作业的出现，对原始村落的形成、稳定与发展，当有积极的推动作用。

夏、商、西周时期，今广西地区的岭南与中原在经济、文化等方面交往密切。《诗经·大雅·江汉》记载："江汉之浒，王命召虎：式辟四方，彻我疆土。匪疚匪棘，王国来极。于疆于理，至于南海。"有史书更是认为，在西周时期，今广西地区已是周王朝的统治范围。秦始皇加兵岭南，设南海郡、桂林郡、象郡，广西以行政区划纳入中央王朝统一的政区系统。尽管当时的广西地区地广人稀，但稳定的村落应该所在多有。

秦军遭到西瓯部族的顽强抵抗，进退两难，整整"三年不解甲驰弩"，"伏尸流血数十万"。这说明当时今广西地区已有一定数量的人口，足以阻挡秦军南进。平定岭南以后，秦始皇迁徙数十万人到岭南各地戍守及定居，其中一部分人落脚于今广西地区，这对当时该区域社会的发展和人口的增长都有很大影响。至秦末天下大变，广西地区虽然没有明确的户口资料，但秦朝及其以前迁徙岭南的中土人士不在少数，这些南迁的北方人当有很多生活在今天的广西地区。当时南海蔚任嚣说:"且番禺负山险，阻南海，东西数千里，颇有中国人相辅。"史载汉元鼎六年（公元前111年），桂林监翁谕告瓯骆有40余万人口降汉，时桂林郡约有四分之三地在今广西境内，粗略以桂林郡四分之三人口数作为桂林郡在今广西境内人口数，当有30万人口。区区30万人口。当时的广西地区虽仍属地广人稀，但随着不同地域人员的交流增强，可以推测广西当时村落的建设有一定程度的进步。只是岭南气候湿热，以土、木为主要建筑材料的民居难以持久保存，在广西至今尚未发现秦及其以前所建而且延续至今的村落。但广西古代村落构成的重要元素——干栏式建筑，却成为壮、侗、水、毛南、仫佬等百越系民族民居的典型传统风格。

大约到了春秋末期或战国初期，生活在今广西地区的骆越人吸收了铸造铜鼓的技术，并且形成了使用铜鼓的习俗。铜鼓除了作为伴歌伴舞的乐器外，还主要作为祭祀和礼宾重器。铜鼓的广泛制作和使用，也从侧面证明了最迟在春秋末期或者战国初期，今广西地区的村落已经较为稳定和发达。只是广西交通不便，极大地影响到了村镇的形成和发展。

进入汉代，随着广西土著与其他地区的人民，尤其与南迁岭南的北方人融合程度的加深，广西的农业、养殖业和手工业得到较大发展，这有利于村落的进一步发展。在汉初南越国时期，今广西地区已较为广泛地使用牛耕和铁制农具，兴修水利设施。这些都是古代农业、村落建设达到一定高度的标志。到西汉后期，广西地主庄园经济已经较为发达，以地主庄园为核心的村落已经较为普遍，反映出当时广西的村落建设已经达到了前所未有的水平。经过汉代漫长的发展，今广西地区的行政区划日趋稳定，行政机构进一步完善，绝大多数乡村的基层建制进一步得以稳固，许多地方还出现了豪强大姓雏形，雄踞一方。

图 1-3 广西东汉古墓中的陶屋随葬品，一定程度上反映出东汉时期广西居屋的建设水平。2015 年 2 月摄于广西壮族自治区博物馆。

广西古村进一步发育和成熟。

　　广西汉墓出土的铁制农具不仅形制齐备、数量众多，而且地域分布广泛；广西各地汉墓经常出土陶井模型，说明当时今广西地区人民已经广泛使用凿井饮水和凿井灌溉的生活与生产方式。在广西合浦出土的一处西汉后期墓葬中，有展现大型、成熟的地主庄园经济的随葬品，说明至迟在西汉后期，广西已经出现了较为成熟的地主庄园经济形态。而当时较为成熟的地主庄园经济，往往与较为成熟的村落建设有着极为密切的关系。

　　三国、两晋、南北朝时期，中原地区政权更替频繁，战争惨烈。今广西地区远离中央政权中心，相对而言较为安稳，社会经济尤其豪强地主经济所受冲击较小，村落发展进程较为平稳。这一时期，北方豪族及其部族迁居岭南的并不少见，北方一些普通流民也迁居广西。在汉文化较为发达的广西北部和南部沿海地区，中央王朝大量封给广西地方官吏食邑，加上官吏、豪强出资购买，豪强地主庄园经济得到迅速发展，这在客观上促进了村落规模的扩大及村落建设的进一步完善；而在本土文化相对

图1-4　出土于广西汉墓中的随葬品陶井，应该是较为发达的庄园经济的产物，同时也证明村落的规模。2015年2月摄于广西壮族自治区博物馆。

浓郁的地区，俚僚聚族而居，雄长统摄，父死子继，其统治形式与中土贵族没有太大的差异，这也在客观上促进了交通较为闭塞、文化相对落后地区的村落建设。

　　自晋至陈，中央政权封给各级官吏的食邑都有定数，但实际封赏数远大于规定数。南北朝时期的宋朝始安公封荔浦县侯佃客五百户，梁朝萧正德封临贺（今广西贺州）郡王邑二千户，陈朝淳于量封谢沐县（今广西贺州）侯邑五百户，樊猛功封富川县侯邑五百户。《北史·蛮僚传》记载，南朝时期岭南地区的俚僚"推一长者为王，亦不能远相统摄，父死则子继，若中国之贵族也"。

隋朝结束了割据纷争的局面，实现了全国统一。隋朝中央派驻今广西地区的官员，注意团结当地族人首领，促进了土著群体与北来汉人的进一步融合，这无疑极大地推动了广西一些不甚发达地区的村落建设。隋朝之后的唐、宋两代，应该是广西村落发展的重要时期。隋炀帝大业二年（606）首开科举考试制度，唐朝袭隋朝科举考试，并逐步完善，形成了科举洪流，广西地区自然也被卷入。其最重要的影响在于将儒家正统文化尤其读书为官的思想带进广西各地，使广西的读书向学之风迅速浓厚，从而极大地增加了广西村落建设的文化内涵。至今保存较为完好的广西古村，绝大多数都具有浓厚的儒家文化色彩，形成了"村寨苦心求学的氛围孕育了村中杰出子弟、村中杰出子弟的突出成就激励村中的读书热情"等常见模式。

广西科第从初唐（贞观七年，公元633年）李尧臣首登进士后，便连绵不断，至清代达到鼎盛。唐代至清代，广西共有文科进士1125人，其中状元10人。状元之中，"三元及第"者2人，而唐代至清代，全国科考三元及第者仅13人。科考及第的士人，不仅来自文化较为发达的桂林等地，也有许多来自桂中、桂南以及桂西等当时文化较为落后的地区，其中有许多还应该是世居广西的骆越后裔，例如宜州的韦姓、区姓，融县的覃姓等进士。此足见儒家文化在广西的兴盛，以及儒家文化对广西诸地的深远影响。而且可以推想，大凡能够孕育举人、进士的村寨，其村寨整体建设，无论是教育还是建筑，当有可观之处。富川瑶族自治县的秀水村、灵川县的江头村、玉林市的高山村、灵山县的大芦村，即为深受儒家文化影响而且具有深厚文化底蕴的古村。

此后盛行于广西多个地区的土司制度，对广西较为偏远地区村镇的形成与发展，有着特别重要的意义。土司治所是区域政治中心，往往还是区域的经济中心。明、清两代是广西古村建设的黄金时期。一方面，朝廷为了加强对广西地区的统治，派驻了大量的军队，增加军屯人数，客观上加强了汉文化对广西边远地区的影响，加快了各民族之间的进一步交流与融合；另一方面，经济和文化较为发达的东部、北部移民大量迁入广西，在经济和文化等方面促进了广西农村的建设。现存较有规模的广西古村，有许多就是明清时期由湖南、江西、浙江及广东等外省移民迁居发展起来的。这些移民不仅将较为先进的农耕技术、商业经营及文化教育等带进广西，还将原居地的建筑风格带入迁居地，与当地的干栏式建筑风格结合起来。这种经过融汇创新的民居建筑风格，在今天的古村，例如西林县的那劳、龙胜各族自治县的龙脊等地体现得极为明显。

明朝中央十分重视在广西加强军事统治力量，先后在广西设立21个千户所、30所巡检司，明朝洪武、永乐年间在广西布兵12万。明朝中期以后，随着卫所制度的崩溃，以及在广西的官军日渐散失，朝廷在广西大量招募土兵以充作耕兵，继续屯田工作。这样的屯田制度与此前的卫所屯田制度一样，除了赋予村寨结构方面的新形式和新内涵外，最重要的是强化了不同地区人们之间的文化交流与融合。但这两种屯田制度——包括卫所屯田和耕兵屯田发展到大量侵占农民土地时，在一定程度上则破坏了被侵占地村寨原来的建设秩序，对原有村寨的建设与建制模式造成了伤害。

明末清初，广西成为南明政权重要的抗清基地，惨烈的战争在广西持续较长时间。广西又是吴三桂叛清主战场之一。战祸连年，致使当时的

广西地区社会经济遭受到严重破坏，人口急剧减
少。清朝康熙年间以后，清朝政府在广西实行招
民垦荒政策，外省大量农民涌入广西，形成了经
济型移民的高潮。移民中以湖南、江西和广东等
省汉人居多。移民迁入地逐渐由交通和经济较为
发达的地区向较为落后的地区转移。清代康熙至
乾隆年间在广西西部、南部实行大规模改土归流
措施，迁入红水河流域及左、右江流域的汉民大
量增加。外省汉民在带来生产技术、生活习俗的
同时，也将民居建筑风格带进上述地区。因此，
在现存广西古村民居中，有许多古村的建筑风格

图 1-5　祠堂建构在一定程度上象征着古村的发达与成熟，也是古村以家族文化为核
　　　　心表现形态的重要特征。宗祠成为古村的主要元素。这是玉林市高山村牟氏
　　　　宗祠。曾昌明 2014 年 7 月摄于玉林市高山村。

具有丰富的汉式民居元素。

广西古村落的分布与局部地区政治、文化的发展成熟度有较为密切的关系，但与村落中稳定的生产生活资源、人才、所出人才回馈乡梓的模式，以及村落可持续发展的理念与机制等因素有更为密切的关系。因此，广西古村的分布具有散漫性和不规则性，以及对自然环境的强依附性等特征。广西古村较为均匀地分布于广西各个地区，更多地依赖家族尤其家族中杰出人物的力量。

广西古村应该是传统的农耕经济、杰出人才的乡土情结与青山秀水的完美结晶，而且具有鲜明的家族文化色彩。因

图 1-6　成熟的古村往往有其成熟的发展观念，其中尤以注重教育为观念中的重要因素。这是西林县那劳村岑氏家族书院，名为"南阳书院"。曾昌明摄于 2014 年 7 月。

图1-7　位于兴安县白石乡水源头村的秦家大院，依山傍水，景色清幽秀丽，一式的明清古建筑。秦艳婷摄于2010年8月。

此，广西古村大多是地域文化与家族文化的有机融合，村屯文化往往具有较为深厚的家族文化渊源，或者说古村文化是家族优秀文化传统在独特的自然生态中孕育与壮大的。

广西古村的形成，往往与族人的文化素养、对栖息繁衍环境的寻求、家族发展潜力的积聚和壮大、家族的聚力与张力等情形有十分密切的关系。追根溯源，广西古村由初建至兴隆，大多伴随着极为朴素的生态和谐理念。这其中固然有可能掺杂一些堪舆文化观念，但更多的是与生产、生活所必需的山水之利。

所以，广西古村的分布基本上与局部地区奇山秀水相重叠。在自给自足的小农经济时代，家庭或家族的基本发展潜力，更多仰仗于局部的山川之利的追求，而非被社会大局濡染，即广西独特的地理条件决定了传统农业的发展，交通状况也在一定程度上决定了村落的定位。因而，广西古村往往与政治中心保持相应的距离。

从地理位置而言，广西古村往往与局部地区的政治中心和交通枢纽保持相应距离，而且有许多处于幽静僻远之处。这不难看出古村的创建者追求静远恬淡、躲避尘嚣烦扰的审美境界。富川瑶族自治县的秀水村、灵川县的江头村、龙胜各

图1-8 玉林市的高山村，依山临水，沃野千顷，焦林密布，荷韵悠远。得山水之奇的村寨在广西所在多有。富山水灵气与文化底蕴的村寨，便有可能发展成著名古村。杨路 2014 年 7 月摄于玉林市高山村外。

族自治县的龙脊村、西林县的那劳村、灵山县的大芦村以及玉林市的高山村，皆为远离尘嚣的净土，堪称世外桃源。所以，与广西古镇相比较，广西古村沿袭的是一条追求质朴悠远、蝉噪蛙鸣境界的发展道路。

第二节　古镇分布

古镇是区域物质集散中心，从一定程度上来说，经济是古镇形成的重要决定因素。有了一定的经济规模，区域政治中心才有可能形成。广西古镇起源于何时，目前尚难有确切的说法。但古镇形成的重要推力诸如手工业、商业相对成形，局部政治中心的出现等，在商代甚至更早以前的广西地区已略见萌芽。在新石器时代，广西的制陶、纺织等手工活动已经较为常见，其技术也大大提高。随着社会生产力的发展，较为原始的贸易活动进入人们的生活之中。在桂南地区的宁明、崇左、武鸣等地的新石器时代晚期的文化遗址中发现有海贝，这说明至迟在原始社会末期，广西土著居民中的某些氏族和部落之间出现了简单的交换行为。在桂南和桂东北等地出土有商代精制的青铜器，从而不排除岭南（今广西的一些地区）与中原通商的可能。《逸周书·王会解》记载："正南瓯、邓、桂国、产里、百濮、九菌，请以珠玑、毒瑁、象齿、文犀、翠羽、菌鹤、短狗为献。"说明在今广西地区，至迟在商代，原始的政治形态已经比较完备，出现了简单的多个政治中心。这样的经济和政治中心，都有可能发展成较为原始的古镇雏形。

春秋战国时期，在广西农业和手工业进一步发展的同时，中原的一些金属器具尤其铁制器具大量进入今广西地区。这一时期的越人墓葬中男性墓普遍有剑、矛、箭镞等兵器陪葬品，而且呈现等级差别。这说明军事活动是当时生活在今广西地区的越人整体生活中的重要部分，而且出现了贫富或贵贱等级。手工业、商业、政治和军事中心的出现，为原始形态城镇的萌芽与发育提供了更多的条件。

秦始皇统一中国后，分天下为三十六郡，在新平定的岭南地区置南海郡、桂林郡、象郡。今广西地区东北部的全州、兴安、资源、灌阳等县地系长沙郡零陵县辖地，县治在今全州县西南；桂林郡大部分以及象郡中的一部分在今广西境内。自此，广西出现了较为明确的政治、军事中心，同时这些中心还具有手工业和商业中心属性，古镇的出现及其发展，也就成为必然。尽管在不同的时代这样的政治中心地区多有变异，但对广西古镇建设的促进作用应该是持续的。

秦始皇统一岭南后，在广西境内设置地方行政机构，加强了对广西地区的中央集权统治，客观上有利于原来较为荒蛮的广西地区与中原地区的整体交流与融合，尤其在政治、经济和军事诸方面加快了岭南广西地区与中原地区的融合。中央与地方政权在中原通往广西重要地区的交通要道上设置军事据点，与此相适应的政治和经济力量也逐渐在重要的交通孔道上聚集，从而使这些据点或其周边逐渐发展成重镇。设于今全州县西南的秦代长沙郡零陵县县治，就处于湘江上游，位于湖南经兴安县入广西的交通孔道上。灵渠修通之前，以零陵县县治为中心的地区控制着从湖南经兴安的湘桂走廊，以及由湖南经恭城瑶族自治县龙虎关进入漓江下游桂江流域的湘桂走廊两大通道，因而零陵县治的军事地理位置极为重要，具备发展成古镇所需要的政治、经济、军事和文化等方面的有利条件。处于古零陵县治周边的全州县凤凰、麻市、石塘、安和等地，以及兴安的界首、塘市，直到 20 世纪 50 年代，仍然是湘桂走廊上的重镇。灵渠修通以后，在五岭中的越城岭、都庞岭之间的湘桂走廊以其独具的水运优势逐渐在湘桂走廊诸道中拔得头筹，因而该条交通孔道上的古镇一直辉煌到 20 世纪中期，直到湘桂铁路、桂黄公路的作用日渐巨大，这些古镇才逐渐式微，例如全州县的全州镇，兴安县的界首镇、兴安镇、溶江镇（溶江古镇的前身名为"水街"，位于灵渠入漓江的要冲，为秦代在该地所建四城之一。1952 年漓江上游发特大洪水，水街被淹，遂迁至灵渠东岸），灵川县的三街镇、大圩镇等，都应该在很大程度上得益于秦始皇统一岭南、开凿灵渠，并且使越城岭与都庞岭之间的湘桂走廊成为重要的军事、经济交通孔道的便利交通。

秦始皇行政岭南后，在当时的桂林郡和象郡辖地建立有县一级行政机构，例如桂林郡有中留县，县治在今天的武宣县西南桐岭；象郡治所在临尘县（今崇左市江州区）。只是相关资料缺失，绝大多数县治所在地目前难以查考。而这些县治所在地，应该具有当时古镇的相关要素，即便随着时代的推移有的成为废墟，但它们对广西其他古镇的形成与发展，发挥过积极的作用。

　　汉朝自武帝元鼎六年（公元前 111 年）平定南越，在岭南地区设置南海、苍梧、郁林、合浦、交阯、九真、日南、朱崖、儋耳 9 郡。又置牂牁郡、零陵郡、武陵郡。而郁林郡全部，苍梧郡、合浦郡、零陵郡、牂牁郡的一部分，武陵郡的少部分，均属今广西辖境。西汉时期，在今广西境内先后设置了广郁、广信、中留、布山、合浦、安广、阿林、定周、始安、封阳、荔浦、临尘、临贺、洮阳、桂林、领方、猛陵、富川、零陵、雍鸡、增食、潭中 22 个县，东汉增设郤平县。汉代今广西境内有县共23 个。其县治所在地有许多成为当今的古镇或广西古镇遗址。这些县治所在地与并非县治所在地而处于交通要道的街镇一起，构成了当时广西庞大的街镇网。

　　晋代今广西地区郡数增加一个，且县数大增。属今广西辖境先后设有宁浦、永平、西平、合浦、苍梧、郁林、始安、临贺、桂林、晋兴 10 郡，领广信、夫宁、平山、平乐、布山、龙刚、归化、宁浦、永丰、西平、夹阳、合浦、安广、安远、安沂、安始、羊平、兴安、兴道、军腾、观阳、吴安、怀安、阿林、武丰、武熙、武城、郁平、建陵、始安、始阳、始定、封阳、荡昌、荔浦、临贺、洮阳、桂林、都阳、晋平、晋兴、晋城、绥宁、常安、领方、猛陵、粟平、富川、遂成（亦作遂城）、零陵、简阳（亦作涧阳）、宁新、新邑、鄣平、熙平、增翊、潭中 57 县。仅仅以县治所在地论，晋代今广西地区街镇数目即为汉代近 2.5 倍。

隋朝使中国复归统一，在施行废郡创州、县两级制后，改行郡、县两级制，并试图裁郡减县，这在一定程度上延缓了广西街镇的发展速度。唐朝继承了隋朝大一统局面，广西地区也得到快速发展，县数急剧增加。与此相对应，街镇数目也得到了极大发展。唐朝时，广西地区有县 150 个，另有 47 个羁縻县。以县治所在地数目计，即为晋代近 4 倍。而且唐朝街镇发展具有里程碑意义的标志是，街镇布局迅速向桂南、桂西等土著人口密集地区发展，从而使得广西街镇分布更为均匀、合理。在增加县级机构的同时，唐朝政府鼓励商业，允许中原商人往返岭南经商，以及注重发展海外贸易。为了加强对广西中南部和西部的统治，以及发展桂中、桂南和桂西的经济，唐朝政府大力建设桂、邕、容三管区的水陆交通。在陆路方面，修复了钦州至交趾的道路，开辟了贵州西南部出永州的道路，而且接通了交州和桂州。后者实际上连通了云南、贵州和广西的官道。当时云南、贵州的马匹多经此道行销广西，再北上中原，因而这条道路有"买马路"的称号。官道要冲等人口聚集之处进而发展成街镇，应该是顺理成章的事。所以，这些措施都有助于广西通衢地区的街镇建设。

宋朝时置广南西路，简称"广西"，广西之名由此始。宋代朝廷对广西的统治进一步加强，广西从宋朝开始成为一个独立的行政区划。宋朝除了强化对广西经济较为发达地区的统治以外，还在边疆或者文化较为落后的地区设置羁縻州、羁縻县和羁縻峒。宋朝时广西计有羁縻州44个、羁縻县5个、羁縻峒11个。这些土属地区的州、县、峒治所，人口相对密集，手工业和商业条件也较为完善，街镇的元素也更为丰富，因而对该地区古镇的形成与发展极为有利。

宋代广西的许多地方兴起了博易场，从事商品交易。而这些博易场基本上位于边境或土著人口密集的州、峒地区。邕州横山寨博易场、永平寨博易场，钦州博易场，融州王口寨博易场等，是当时广西著名的民族商贸处所和边境商贸处所。横山寨博易场以马匹贸易著称，每年贸易战马少则一千余匹，多则二三千匹。王口寨博易场则成为广西西北部与贵州、云南贸易的重要埠头。永平寨博易场和钦州博易场则是宋朝商人与交趾商人进行商贸活动的重要场所。

宋朝时广西境内忧外患极为严重。先有侬智高用事于桂南，攻取邕、横、贵、龚、浔、藤、梧、封、康、端十州，进而围困广州城57日，不克，又撤围回攻，占贺州、昭州，引起朝廷震动。皇祐四年（1052），朝廷委任狄青为宣徽南院使，宣抚荆湖路，提举广南东、西路经制贼盗事前往镇压；其后有交趾李朝以追捕"亡叛者"为借口，调集大兵10万，以辅国太尉李常杰为主帅，宗檀为副帅，水陆并进，大举入侵，相继攻陷钦州、廉州、邕州。熙宁九年（1076）十二月，宋将郭逵率安南行营大军发动反攻，大败交趾军于富良江边。宋朝时南下官兵战后多有留驻广西湘桂通道要津，客观上进一步推动了广西南北走廊沿线乃至左右江州、峒地区的街镇建设。至今临桂区两江镇、宾阳县芦圩镇、南宁市扬美镇等古镇上的一些居民，有云祖籍山东、河南，先人随狄青、郭逵南下，战后留在当地繁衍。

除军旅原因北人大量迁入广西之外，宋朝由其他途径南迁广西的北人激增。宋人李伯纪的《道经容州》诗云："得归归未得，滞留绣江边。感慨伤春望，侨居多北人。"桂南地区当时因为南迁北人繁多，风俗骤变，衣冠礼度甚至与中原地区没有太大的差异。桂北、桂东、桂东南甚至桂西，

百越系民族原来生活的地区逐渐汉化或者汉人居
绝大多数，很大一部分原因应该系外省军旅、商
旅以及其他一般客民日益增多，加速了这些地区
的汉文化进程。这样的进程很早便已开始，但相
较于前朝，宋朝应该更为深入、广泛一些。

　　明、清两朝是广西古镇发展极为重要的时期。明朝对
广西地区的统治进一步加强。行政上采取布政使司、府、
县三级建制，中央集权色彩愈加浓厚。军事上驻军处所增
多，驻军人数大为增加。同时还大量招募土兵、耕兵。这
些土兵、耕兵，必要时可纾国难。对于土官的管理和控制，
明朝有更加细致、周密的措施，使得土官小心翼翼，不敢
擅自作为。这在客观上进一步破除地方势力的藩篱，加速
了偏僻地区的社会发展速度，使其在政治、经济、军事、
文化等方面更容易与较为发达地区融合，从而加强街镇建
设的推力。在明代，广西的手工业，例如纺织、造纸、酿
酒、制陶、采矿冶炼、木材加工及建筑等业已经较为发
达，商贸极为活跃，街镇星罗棋布，亦圩亦镇者在广西不
在少数。撮其要者，桂林 38 处，南宁 84 处，钦州 20 处。
即便在位置僻远的土州土县，圩镇也普遍存在，只是数量
不及经济较为发达的地区。这些圩镇有很多发展成街镇，

继而成为广西著名古镇。尤其位于水陆交通要道的圩镇，更是如此。现存的广西古镇，其记载多为明代创建，且商业色彩浓厚，足可佐证。

清代初期，广西虽然较长时间成为反清的重要战场，但康熙帝在平定了三藩之乱以后，对广西却恩恤有加，多次施行安民守土政策，从而为恢复和发展广西地区生产创造了一定条件。与此同时，清廷加强在广西的武装力量，广泛设置绿营兵、土兵和民壮，以强化中央和地方对广西的统治。雍正时期，朝廷对一些骄悍腐败的土司采取坚决而果断的改土归流措施，对较为温顺、尚未实行改土归流的土司实行严格管理，从而极大地安定了边疆，维护了统一，为广西社会的进一步发展，尤其对边疆地区的社会发展准备了较为良好的条件。从顺治十八年（1661）到道光二十年（1840）间，广西人口增加了7517000人；从顺治十八年（1661）到嘉庆十七年（1812）间，广西耕地面积增加了35821顷。这些为广西市镇的进一步发展孕育了经济条件和民众消费条件。

在清代前期，广西的圩镇便迅速地恢复和发展起来，遍布于各个角落。交通较为便利、经济较为繁荣、人口较为密集地区，圩镇更为发达。例如柳州府马平县有圩镇20个。即便如经济尚不发达、地理位置较为偏僻的土司地区，

图 1-9 灵渠沟通湘、漓二水，于秦始皇统一岭南时期修建，位于湘桂走廊上最重要的孔道。兴安古镇依灵渠两岸而建。摄于 2009 年 10 月。

圩镇也不在少数，例如白山土司，有 8 个圩镇。一些经济和文化较为发达的地区，圩镇的发展逐渐往规模和品质方向转换，即行商与坐贾结合，即聚即散式经营与稳定的商铺并存，货物集散与作坊制售相辅，进而发展成人员结构稳定且持续增长、商业要素齐备的市镇，例如乾隆年间全州县仅有圩镇 6 个，兴安县仅有圩场 7 个。这些圩场数与后来的古镇数基本吻合。桂南、桂西等社会欠发达地区，这种由圩场发展成市镇的情形大致与桂中、桂北和桂东南相同，只是市镇与圩场的数量比例略低一些。

广西古镇的形成与延续既遵循一般街镇的形成与延续规律，更与广西独特的地理和人文境况有极为密切的联系。街镇的形成与延续一般不同于圩场的形成与延续。与一般圩场相比，街镇一般具有下述特点：具有一定规模而且居住于该地的居民较为稳定持久，依赖于街镇工商业的收入能够维持街镇的生存与发展需求，街镇的聚力能够不断吸引该街镇居民及外来居民的投资与居住，街镇具有适应其生存与发展所需要的建设用地和相对丰富而稳定的生活水源，处于交通孔道或者具有相应的交通中转优势，占据相应的政治中心优势条件，具有独特的物产资源等。古镇的生存与发展或者在环境上依赖于已经形成的政治与商业的优势，或者具有孕育成政治与商业

图1-10　大圩古镇位于漓江磨盘山渡口，离桂林30余里，昔日为重要的商品集散地，街道青石板、古建筑至今井然。摄于2006年11月。

图 1-11 扬美古镇位于左江与右江汇合处，一埠而扼三江。此处集散的货物，西运滇黔，南抵安南，东达湖广，均有宽阔的水道。摄于 2014 年 7 月。

方面优势的潜质。广西多山富水，在 20 世纪前，其商业运输和日常交通多依赖于水道和马帮，尤其水道的便捷性对于古镇的形成与发展贡献甚巨。广西位处岭南，多崇山峻岭，且气候潮湿炎热，长时间被视为蛮荒之地，因此政治、经济、文化、教育等多方面较全国许多地方开发较晚。直至唐代以前，除桂林、梧州等少数地区外，广西大多数地区，尤其在桂西南、桂西等地，商业不甚发达，自给自足的小农经济占据重要地位，一般百姓在圩场的商贸活动，多以物物相易为主，许多圩场尚未发育成建制规整、门市完备、商住齐全的街镇。

街镇的出现及发展，与商品交易有着极为密切的关系。在先秦时代，今广西地区的商业已经有一定程度的发展。秦始皇统一岭南以后，有许多商人被发配到今广西地区，这在客观上能够对广西地区的商业发展起到一定促进作用，尽管这样的促进侧重在交通要道及军事重地上。《史记·秦始皇本纪》记载："发诸尝逋亡人、赘婿、贾人，掠取陆梁地。"汉代今广西地区与中原甚至海外的商业活动得到更大发展，岭北的金、铁、田器、马匹等销来岭南，岭南的食盐、水果、葛布、珠玑、象牙、翡翠、香料等土产远销中原。自三国而至南北朝时期，广西地区的商品贸易活动较汉代更为频繁。

由物物相易到货币经纪情形的增多，广西许多地区走过了较为漫长的道路。到唐朝的时候，广西东北部地区货币流通日渐普遍，并且出现了官府和民间开办的铸钱场所。但许多地方的民间圩场，商贸仍然以物物相易为主。唐朝诗人柳宗元的《柳州峒氓》诗说："青箬裹盐归峒客，绿荷包饭趁虚人。"诗中描述的就是当时柳州圩场的民间商贸情形。随着时代的推移，条件较好的一些圩场发展成集镇，行商坐贾云集。唐代诗人王建的《南中》诗"野市依蛮姓，山村逐水名"记录的就是邕州一带圩镇的发展境况。难以发展成街镇的民间简易圩场，则作为街镇商贸活动的补充和依托。

广西古镇往往处于水陆交通要道，在商贸活动中居于重要地位，但又难以发展成局部地区的政治、经济中心。因此，广西古镇在形成和发展的过程中，依据水路或陆路

图 1-12　隆林各族自治县德峨乡德峨圩场，街道上有固定铺面，工业品一般在铺面交易，而许多土特产则在街市外的圩场随地摆卖，买卖者随聚随散。摄于 2006 年 10 月。

要冲的独特地理优势为商贸活动提供平台，繁忙的商贸活动则为古镇的成型与发展输送营养。古镇在一定程度上成为都市连接乡村的中继站。广西古镇分布的密集程度，往往与古代该地经济状况成正比关系。古代商贸活动发达、大规模外地客商云集、定居之处，古镇发育则较为完善。例如，位于桂东北、桂东、桂南和桂西北等水陆交通便捷之处的兴安、大圩、榕津、临贺、黄姚、戎圩、丹洲、扬美、雁江等古镇。其中尤其以水陆交通便利、常以货物中转、文化相对发达或者文化发展潜力较大的地区，古镇较为多见。广西古镇发育大致呈由东北往西南、由东往西渐进的势态。

第三节　古村变迁

古村的变迁与社会历史的发展大势密切相关，更与家族兴替有直接的关系，并呈现出相应的周期性。其中导致古村变迁更替最重要的因素则在于家族风气与社会风气。

广西古村的发展进程从基本成型到鼎盛，一般会经过一两百年甚至更长时间。这与中国传统上认识的人才成长规律大致吻合："一年树谷，十年树木，百年树人。"人才的成长需要相应时间的文化濡染，人才对家族、村屯的贡献反过来加深了家族、村屯的文化积淀，二者相融相生并形成群体力量，大致需要百十来年。而要从整体上改变家族或者村屯景观，费时则更为长久。广西古村是完全仰仗于农耕经济的村落，往往发展速度较为缓慢，周期较为漫长，但进程较为平稳，起伏性不大，例如，龙胜各族自治县的龙脊古村、隆林各族自治县的平流古寨等；主要依靠官宦经济或者科举之力发展起来的古村，往往道路跌宕起伏，阶段性极为鲜明，而且在一定阶段内兴盛速度极为快捷，短期内即可成为局部地区乡村发展的翘楚，例如，富川瑶族自治县的秀水古村、西林县的那劳古村及灵川县的江头古村等。

今龙胜各族自治县的龙脊村所走过的是一条完全自给自足的农耕经济发展道路。

隆林各族自治县平流古寨干栏木楼中的壮家男女，一如周边的山峦溪谷，充实、静谧、安详，似乎在行走着一条曲折而平稳的羊肠小道，永无尽头。富川瑶族自治县秀水村，从唐代毛衷公留下心愿，到宋明时期科场文化鼎盛，中间也有超过

图 1-13　玉林市高山村民居。曾昌明摄于 2014 年 7 月。

图 1-14　龙胜各族自治县龙脊壮村寨。徐治平摄于 2007 年 5 月。

二百余年的历史。西林县那劳村（俗称"宫保府"）
系明代上林长官司岑密所建，后由岑密第十代后
裔——云贵总督、抗法将领岑毓英和清著名封疆大
吏、两广总督岑春煊父子维修扩建，形成了具有不
同建筑类型、不同使用功能、规模庞大的古建筑
群。即便以岑密所建年代起计，到岑毓英扩建，也
历时三百余年。岑毓英及其父、祖，生活与发展之
路极为崎岖。那劳古村岑氏鼎盛时期不过百年。

广西古村的地理位置成为其变迁缓慢的原因之一。无论
是从整体还是局部而言，大体呈现如此规律：既要处于地
利，深得环境文化濡染，又要与闹市的嘈杂形成相应距离，
大致保持"闹中取静""世外桃源"的格局。位置太过偏僻，
信息不畅，民性淳厚有余，惰性也重，往往难以激发村民
积极进取的精神；街市风气过于浓厚，则民性易于浮躁，
好趋一时之利，家族、村屯的独特风气难以凝聚和持久。广
西古村独特的地理位置构成了整体社会风气的缓慢通道。

富川瑶族自治县的秀水村，邻近秦朝修筑的
潇贺古道。作为由湘入桂的重要孔道，不难想见
当年潇贺古道的繁忙。昔日的秀水古村，既可深

图1-15 灵川县江头村民居。摄于2014年8月。

图1-16 灵川县江头村民居。摄于2014年8月。

得满贺古道所营构的文化与经济氛围之利，又能够为村民建构一种适于耕读治学和修身养性的清幽之所。西林县那劳古村的孕育形成，依赖的则主要是官宦文化。邻近的驮娘江以及沿江两岸，应该是我国古代由东南往西南的一条繁忙商道及驿道，否则古句町国当不会在这里留下灿烂的文化成果。距离那劳不远的达下，曾经是兵家必争之地和商旅必由之路，是桂西著名的商埠，清朝在此设有税关，货船运进广货、洋货，运出山货、土产。与富川瑶族自治县秀水村一样，村中子弟在科试、官场上久领风骚的灵川县江头村，邻近更为重要的由湘入桂通衢。南往桂林，北接兴安，既可见繁华，又能规避军旅、商贸的喧嚣，深得闹中取静之趣。

20 世纪 50 年代，古村的发展出现一道分水岭，因为当时家族文化与村屯文化建设让位于更为广阔浩大的社会文化建设，家族和村屯传统文化甚至在特定时期内遭受到毁灭性的破坏。与此同时，村屯杰出子弟回馈、建设乡梓的传统模式被打破，而新型的回馈乡梓模式尚待确立。因此，传统意义上的村屯建设在相当长的一段时期内基本上陷入低谷或停滞。进入 21 世纪以后，人们在发掘整理古村的文化元素的同时，一方面着手修复古村的传统风貌，另一方面在村屯建设中注入时代元素，一些古村正在以不完全等同于传统面貌的特征在缓慢苏醒。

第四节 古镇变迁

广西许多古镇在过去的一段时期内大致走过了初成、繁荣、衰落、复兴的过程，其中的原因大致包括军事、政治、经济和旅游等因素。上述原因往往相互交织进而对古镇的兴衰形成促进作用。

在战乱频繁的时代，广西的一些古镇由兴起到繁荣再到衰落，与其独特的军事地理环境有直接的关系。自秦代直至明末，无论是对内统一还是对外御侮，抑或官府对民间的武力镇压，一些古镇因拥有独特的军事地理环境往往发挥了前哨或者对中心城市的拱卫作用而兴起。

兴安县兴安古镇的兴起，目前文字记载的最早可上溯到秦始皇统一岭南的军事行动。秦始皇

图 1-17　南宁市永和村黄氏家族民居。摄于 2011 年 1 月。

派尉屠睢率 50 万大军南平百越,《淮南子·人间训》记载,其中"一军塞镡城之岭"的秦军驻地有可能在今天的兴安县西南的溶江镇境内,灵渠由此处入漓江,距兴安县城约 50 里。其地南扼漓江,山峻谷深,三江汇聚,流水湍急;北依湘桂孔道,地势平缓。秦代在此建城四座,互为掎角。至今仍有一座规模宏大,建制保持较为完好的古城遗址。五岭中的越城岭与都庞岭之间为中原进入岭南的重要孔道,而兴安则居此孔道中的咽喉之地。在统一岭南期间,秦始皇命监御史禄

图 1-18　借助于独特的地理位置和漓江的水运优势，灵川县大圩古镇成为广西明代
　　　　四大古镇之一、明清时期桂林周边地区最大的商贸重镇。摄于 2014 年 8 月。

图 1-19　百寿古镇在明朝时期由一
　　　　个古驿道小站发展成县
　　　　治、州治，商道地位固然
　　　　重要，但军事与政治地位
　　　　则远在商业与文化地位之
　　　　上。永宁州城至今威严尚
　　　　存。摄于 2014 年 8 月。

在此开凿灵渠，沟通湘、漓水道，以转运军需。由秦至清，灵渠两岸均有军士把守。因此，兴安古镇是最初以军需转运重地而发展成集军事、商旅、交通等多项功能为一体的重镇。

南宁市扬美古镇始建于宋代，隆盛于明朝，多种因素尤其军事地理因素具有重要作用。镇上居民祖先多来自山东，也有来自广东。祖籍为山东的居民，有云祖上随军南征，后屯守或者居留于此。祖籍广东的居民，其祖先因商贸居留于此的可能性极大。左江直入桂南腹地，船运可达越南北部，军事上具有极为重要的战略地位。扬美扼左江入邕江要津，近可窥两江州、峒，远可防越朝异象，在军事上成为邕州西南方向的最佳前哨。

三江侗族自治县的丹洲古镇，从军事上而言，在冷兵器时代是一天然的易守难攻佳处：四周宽阔的河面，既为该地与外界交通提供了便利但不利于强敌的封锁，又便于防守大规模军事进攻；进可取湘西南、黔东南，退可作为柳州的屏障以护广西中部。由于军事地理优势显著，宋代崇宁年间丹洲古镇即成为该地区军事、政治要地。

在二十世纪五六十年代以前，促使古镇走向繁荣的最重要的原因在于商贸。古镇在货物集散、商品转运，以及商家汇聚、财富增值等方面具备独特的地缘优势，才能激发和促进其地的服务业及商品生产行业的发展，吸引投资，从而营造经济繁荣的局面。

南宁市扬美古镇到清代已经高度繁荣，成为桂南极为重要的商埠，有码头8座，商船云集。当时有人作诗赞叹扬美古镇的热闹景象："大船尾接小船头，南腔北调语不休。入夜帆灯千万点，满江钰闪似星浮。"其繁荣隆盛，可以想见。

灵川县大圩镇傍依漓江，是漓江上极为重要的商旅泊舟歇息之处和商品集散地，汉代已形成小居民点，北宋时已是商业繁华集镇，明为广西四大圩镇（灵川大圩、苍梧戎圩、宾阳芦圩、贵港桥圩）之一。大圩古镇商业初兴于宋，曾设税官；中兴于明，清光绪三十一年《临桂县志》称"水陆码头"。到民国初期，大圩有商住大街8条，临江码头十余座，远近闻名的商号有"四大家""八中家""二十四小家"，抗日时期被誉为"小桂林"。每逢圩集，赶圩人数高达一万余人，

图 1-20 由隆安县雁江古镇的商厦，就可以想见昔日右江水道的繁忙与古镇的繁华。
曾昌明摄于 2014 年 7 月。

泊船多达二三百艘，地方商业文化积淀深厚。江
面百舸争流，商旅南来北往，有"逆水行舟上桂
林，落帆顺流下广东"之说。

隆安县雁江古镇依山傍水，右江穿城而过，
上溯百色、云南，下达南宁、广东，通江达海，
商贾云集，为右江沿岸交通枢纽和商品集散地，
素有"小香港""小上海"之称，服务业和小商
品制造业异常发达，其中尤以铁制器具、米粉小
吃和酱豉作料等最为著名。

　　古镇的衰落，既缘于其政治地位的下降，更缘于商道的变更，商道的变更愈加催促古镇的衰落。这种情形自 20世纪 50 年代以后，特别是自二十世纪七八十年代现代铁路和公路交通网的形成，使某些水道的货运及客运作用日渐式微以后更为明显。所以，一些对水路依赖严重的古镇，便日渐衰落下来，甚至成为铁路和公路网中的交通死角。

　　进入 21 世纪以后，随着人们的文化旅游兴趣的增长，这些曾经在地方商贸方面独领风骚、因货运周转之利而盛极一时的古镇，在沉寂了一段时期以后，以其独特的文化积淀焕发出新的魅力。昔日的商贸经济之利被今日的文化旅游经济所取代，游客的足迹代替商船的帆影和马

图 1-21　隆安县雁江古镇尽管曾是右江商道上的明珠，但毕竟日渐式微，风光不再。曾昌明摄于 2014 年 7 月。

帮的杂沓，成为古镇发展的重要推力。

　　怀远县更名三江县以后，于民国 21 年迁出
丹洲。行政区划的变迁成为丹洲岛衰落的重要里
程碑。国道 209 线和枝柳铁路的建成又几乎完全
剥夺了丹洲古镇的水运优势，从而使丹洲古镇蜕
变为静卧于铁路和公路线旁的世外桃源。如果不
是近几年浩大的文化旅游声势震动，丹洲古镇或
许仍然要继续沉睡。近几年，三江侗族自治县丹
洲古镇的历史遗迹、生态田园、农家餐饮、休闲
娱乐等，将历史与现实完美地交融起来，成为人

图 1-22　隆安县雁江古镇骑楼下的老者，或许是在回味昔日街道的喧闹与拥挤。曾
　　　　昌明摄于 2014 年 7 月。

图1-23 兴安县兴安古镇夹灵渠而建，曾经是湘桂古道货运咽喉之地，现在成为游人流连之所。摄于 2006 年 11 月。

们追求的伊甸园。

二十世纪六七十年代以后，铁路和公路深入左江流域腹地，公路如蛛网密布，伸入左江的每一个角落。昔日的交通要津扬美古镇，眨眼之间便偏居一隅，商贸流转的优势几乎荡然无存。直到二十世纪末、二十一世纪初，人们才从扬美古镇的断墙残垣中发掘到她的文化魅力，在铺垫了千百年的青石板上，脚步又日渐杂沓起来。

第二章

古村镇的特征

第一节　宗族传承的古村文化

广西古村，不管是原居民逐步发展兴隆，还是由外地迁入日渐发达，其文化形态都有些大致相同的特点，主要包括以下几个方面。

一是以宗祠建筑为中心的宗祠文化色彩突出。20世纪50年代以前，广西许多聚族而居的村屯，族权势力异常强大，宗祠往往成为重要的权力中心。祠堂是族人祭祀、议事和决断族内重大事务的重要场所。祠堂演绎为宗

图2-1　玉林市高山村牟氏好建宗祠，同族各分支还建有祠堂。祠堂在广西古村极为常见。曾昌明摄于2014年7月。

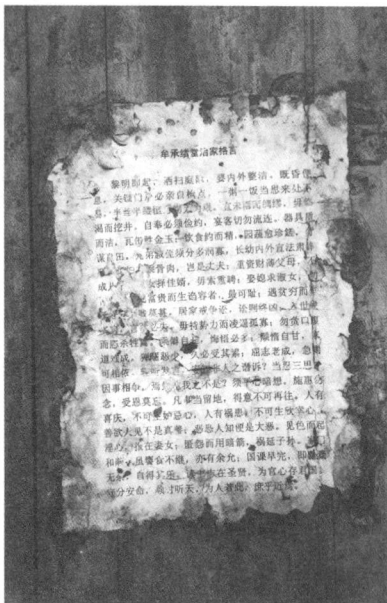

图 2-2　玉林市高山村牟氏承绪堂治家格言。曾昌明摄于 2014 年 7 月。

族乃至村屯权威的象征。聚族而居且规模较大的村屯，不仅有宗姓祠堂，往往还有同姓族人支脉祠堂。多族共居一村的，异姓祠堂往往不止一处。祠堂名下有山场田产，自身具有相当的经济实力。

　　二是家训和族训成为古村文化传承的重要形态。无论是汉族古村还是少数民族古村，成规模、历史悠久的广西古村，汉文化都较为发达，几乎都凝聚有体现中华民族优秀传统特色、促进家族或村屯发展的训语，以规范人们的言行与观念。家族文化越成熟、对周边村屯影响越

图 2-3　兴安县白石乡水源头村秦家大院，布局紧凑有序。秦艳婷摄于 2010 年 8 月。

深远的村屯，训语内容越完整和系统，对子弟的整体塑造功能也就越强。训语往往成为某一宗族或某一村屯区别于另一宗族及另一村屯的重要标志。

　　三是注重宗族教育和文化设施的建设与管理。广西古村往往由乡里大姓聚族而居，在经济、政治、文化、教育等方面为一乡翘楚。村中的杰出人才往往深受儒家"学而优则仕"的传统观念影响，视读书做官为家族、村屯发展的重要途径；或者杰出人才本身得益于科举仕途，认定读书做官为人生飞黄腾达的不二法宝。他们对人生发达及家族发展往往有极为科学的认识，那就是重视教育、

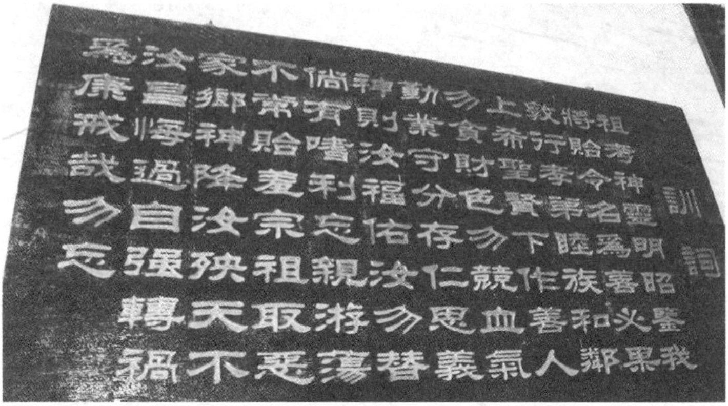

图2-4　悬挂于玉林市高山村牟氏宗祠里的训词，是家族文化的重要结晶。曾昌明摄于2014年7月。

图2-5　屹立于灵川县江头村爱莲家祠中的石碑，多有倡学、修身、崇德之意。摄于2014年8月。

发展教育，通过儒家的传统教育提高族中子弟的综合素质，因而极为注重教育设施的建设与完善。与此同时，他们还充分地认识到，健康的文娱活动对族人或村民的文化熏染有重要意义，因而将戏台建设与完善作为族中或村中整体建设的重要方面。

四是注重民居布局及建筑风格的整体规划。广西古村在民居建设方面，一般呈现出建筑布局规整、建筑风格一致、建筑样式较为接近等特点。之所以如此，主要在于广西古村大多由家族发展而成，家庭的发展能够与居所建设规划相伴而行，房族分置往往由家族中长辈事先安排，村居整体建设基本上能够做到有序推进，这就可以在村居建设中最大限度地避免无序进行和各自为政现象。例如，西林县那劳村、兴安县白石乡水源头村、富川瑶族自治县秀水村、灵川县江头村、南宁市西乡塘区永和村黄氏家族等。

五是族权、村规民约的惩戒措施对村民有强大的震慑力量。广西古村往往具有历史长久的家规、族规或者村规民约。旧时期的家规、族规和村规民约，在特定时期对于社会稳定及保持宗族、村屯的正常生产生活秩序具有难以替代的积极作用。

图 2-6　南宁市永和村黄家大院。摄于 2011 年 1 月。

广西毛南族居住于环江毛南族自治县的毛南山乡。传统毛南山乡曾经盛行"隆款"制度——村社推举富有威望和能力的老人为乡老，以制定村规民约（隆款），并赋予其管理村社的权力。直到清末民初，毛南山乡的乡老制"隆款"才日趋式微，代之以组织更为严密、与政府行政权力融为一体的团、甲制度和乡、村、甲机构。毛南族的宗族组织起源较早，但长期没有形成严密的家族组织体制。而谭姓毛南族人中地缘兼血缘属性突出的组织"轻"（也被称为"疆"、"金"、"强"或"姜"等，均系同音汉字异写）则有着明显的宗族特征。传统上毛南族同姓或同族聚居一村屯的情况非常普遍，鲜有多姓或多族混居的情况。村寨中有极为严格的村规民约，对村民的言行做出明确规范。村民倘若违规，村寨可以对其做出相应处罚。一村可以将某一户或者某一人驱逐出村，吊销其"村籍"。这样的处罚方式非常有震慑力。被吊销"村籍"的人顷刻社会地位一落千丈或者完全丧失社会地位，成为人们唾弃的对象。

广西古村历史上对于重大事件进行宗族管理或村寨管理的方式叫作"开祠堂""起款"。依据宗族规约或村规民约在"开祠堂""起款"等活动中议决的结果，具有至高无上的权威。毛南山乡坡川村（即今之波川）于清朝道光十八年（1838）公议禁约并勒石为《坡川乡协众约款严禁正俗护持风水碑》。

一、禁下林川一泽，不许私将药毒鱼虾，开坑泄水，以便打网。犯者罚三十六牲安龙，绝不姑贷。

一、禁上林连坡一带，不许挖土打石，损伤龙脉。犯者，亦罚安龙如数。

一、禁坟山及初种田，定四月至九月止，凡牛、马、猪、鸭皆不许故意放纵，踏伤坟冢，踏害青苗，违者并（重）罚。

川原发自天一仙水洞来，流过石崇沟，到孟郎潭潆洄星宿池，湾包至下相泉，遂曲屈达下林太泽，正是奇观。况显有三级浪，可嘉尧岩龙门。第一级，合水口，第二级，大贲，第三级，鱼登三级，乃变。则此潭实化龙之潭，朝宗之泽也，而可不宝重乎？故特示禁以培厚风水云。

一、禁私开鸦片烟馆。

一、禁窝保匪类窃盗。

一、禁勾党棍徒习讼。

外禁一切悖理坏俗，指明声罪重轻，如不遵
者，众公禀官究治，以正风化，为此特示。

　　旹　道光十八年　月　吉旦　公议禁约

广西古村旧时的族训或村规民约，大书于壁或刊木勒石，置于村寨中重要之处，成为村民家喻户晓的戒律。

第二节　多元汇聚的古镇文化

广西古镇多居于水路或陆路交通要津，在广西各个主要政治或经济中心向周边地区辐射过程中发挥着桥梁作用，成为都市连接乡村的节点。古镇居民多因商旅、匠作而至，居民来源地分散、广泛，文化多元、杂糅成为古镇最为鲜明的特征。广西古镇居民来源大致有如下几个方面：一是随军旅南来的兵士及其眷属定居后繁衍，例如，兴安县的兴安古镇居民、南宁市的扬美古镇居民以及鹿寨县的中渡古镇居民等。这些地方在古代的军事地位极为重要，长时期成为兵家必争之地，需要兵士屯守。这些居民的祖先来自北方不同地区。二是由广东西进的商人。这些人多操粤语或客家语。广东客商或者取道广东的福建客商，是将"广货""洋货"带进广西的主要力量，自灵川大圩古镇以南古镇客商多为广东人及其后裔。南宁市的扬美古镇、三江侗族自治县的丹洲古镇，都有广东会馆遗址，在桂南及桂西地区，广东会馆遍布商埠古镇。三是明清及其以后，两湖及江西客商溯湘江而上、沿湘桂走廊南下，成为湘桂通道上行商坐贾的主力。至今桂东北古镇上的居民，上溯三四代祖籍来自两湖和江西者极为多见，桂东北地区的会馆也以湖南、湖北及江西会馆居多。四是原居于古镇或其周边的农人转化为商贾的，也有一定数量。这种情形在桂南两江州、峒地区较为多见。尽管原居于广西乡里的土民以及

图 2-7 环江毛南族自治县下南乡毛南族的干栏石楼。干栏式民居为广西百越系居民广泛采用。摄于 2012 年 10 月。

由北方迁居广西年代久远的百姓，其经商意识远不及后来经商定居广西商埠的两湖、闽赣和广东商民，但这些土民因各种原因聚集于商埠而成为古镇居民的当不在少数。

古镇居民由各地迁徙而来，自然地将各地文化带到同一地点。这些迁徙者带来的文化形态中，以语言、饮食及建筑最具特色，并对当地产生巨大影响。语言的影响以广东客商对广西南部、西南部古镇传统文化的影响最为显著。考诸广西南部及西南部古镇，大多通行西南官话、平话、粤方言和客家方言，后两种方言的形成与流行，多与来自广东客商的影响有直接关系。而处于桂北或桂东北的古镇，其流行的西南官话也深受湖南、江西等方言影响，例如，桂林市周边尤

图 2-8　玉林市高山村高墙大院式汉族民居。该村牟氏居民祖籍山东。曾昌明摄于2014 年 7 月。

其兴安、全州、灌阳、资源（资源县于 20 世纪 30 年代中期由兴安、全州两县析置）等县古镇，其居民所操之西南官话，极类湖南南部的西南官话。在饮食方面，桂北古镇居民喜酸辣，口味厚重，与江西、湖南饮食习惯类同；桂南古镇居民喜食酸甜，口味清淡，与广东饮食习惯相似。

由湖南、江西、广东、福建等地迁徙到广西古镇的商旅及匠作人等，多为来自较为发达地区的汉人，因此一些汉式文化被带进广西古镇，例如，民居建筑文化、服饰文化等。桂南及桂西地区，传统的干栏式建筑基本上被高墙深院、屋宇连片的汉式建筑所取代。即便在两江州、峒地区，家境殷实人家也舍干栏而建高墙大院的现象也屡见不鲜。受文化迁入影响的广西古镇的汉式服饰与其周边乡村的服饰、少数民族服饰差异极大。这与古镇移民所带来的服饰影响有很大关系。

灵川县大圩古镇通行桂林口音的西南官话。然而大圩古镇周边的村屯，祖先来自福建、广东、湖南、江西以及中国北部中原地区，村屯中方言土语繁多，以至于隔一条小河或者一个山坳，不同村屯民众倘若舍弃官话而仅凭所操方言土语，相互之间有时完全无法沟通。于是大圩古镇便形成了这样独特的语言景象：定居古镇的居民操官话，周边村民自用本乡甚至本村土语，但这些操土语的村民进入大圩镇街区活动，使用官话交流；一旦遇上同操一种土语的村民，使用同种土语交谈。乡民有时候凭土语方言确定自己祖先的来源地。这样的情形在桂南、桂西古镇及其周边地区也极为常见。

尽管各地移民文化在其中发挥了极为重要的作用，但广西各个古镇的文化是在移民文化与当地原有文化的深度融合后形成的。例如，平乐县榕津古镇盛行妈祖节，此节庆应该与来自福建、广东的移民关系密切，年年小庆，三年大庆，节庆之日人山人海，万人空巷，外地游客云集。与此同时，榕津又是桂剧文化重镇，号称桂剧艺人的"大码头"——镇中古戏台至今保存基本完好。

第三节　耕读兴家的古村经济

广西古村历史上最为重要的特色：曰耕曰读。广西古村的生存与发展，也主要依赖这两大条件。广西古村的先

图2-9 广西很多乡村在生产及小商品运输中，马成为重要的脚力。曾昌明摄于2014年7月。

祖在卜居的时候，在首选农耕条件齐备优越的同时，还会在读书环境选择上煞费苦心。前者诸如龙胜各族自治县的龙脊古村、西林县的那劳古村、隆林各族自治县的平流古寨等，都具有较为优越的农耕生产条件，在自给自足的小农经济时代具有较大的农业生产开发潜力；后者如富川瑶族自治县的秀水古村、灵川县的江头古村、灵山县的大芦古村、玉林市的高山古村等，不仅沃土连片、宜于农桑，而且清幽峻奇，与尘世喧嚣保持适当距离，这实际上是先祖"曰耕曰读"的选择。

广西山水共依，成为广西各地的主旋律。人们生活的环境，从微观来讲，似乎山环水抱；从宏观来讲，则

图 2-10 左上图名叫"响磨",木质,用于谷物尤其稻谷脱壳;左下图名叫"石磨",石质,用于磨制谷、豆类的粉、浆。旧时广西的大户人家或者小作坊经营者必备,也有村中族人共置一套以供族人非经营性使用的。2011 年 8 月摄于广西昭平县黄姚古镇。

又四通八达。这样的生存环境,在自给自足的小农经济时代,人们的物质欲望并不甚强烈,祈求大富大贵的人并不多。倘若勤苦劳作,一般百姓的低水平温饱需求不难满足,因而在许多地区,人民多可得葛天氏之乐。广西气候和土壤适宜,不仅宜于粮农,也宜于桑麻,因而勤劳精明的农家也有经多年积蓄而致富者。

能够促使村寨发达而且能够积聚下深厚文化底蕴的,

则需要在沃土力耕上沉淀浓郁的书卷气，因为在追求传统的儒家文化济世的社会大氛围里，读书既是步入仕途的不二法门，还是促使村民品质根本提升的重要阶梯。广西著名古村中，完成了由纯粹的农耕经济向农耕与仕宦、工商经济相结合的混合型经济形态转变的村寨，几乎都是在奠定了相应的经济基础之后，注重子弟教育，通过科举之途，实现了由自然的农耕兴村向文化教育兴村的根本蜕变。在这样的氛围里，家族、宗族兴旺的使命感凝聚成村寨子弟最重要的奋斗动力，而这种动力分解成自身成长、回馈乡梓以及促进族中子弟发展三个方面，在不同时期发挥不同作用。其中后两方面常常演绎为经济力量，变成村寨最重要的经济成分。因此在漫长的封建或半封建时代里，

图2-11　灵山县大芦村民居。曾昌明摄于2014年7月。

广西许多著名村寨经由读书做官途径所获得的经济潜力，远非单纯农耕渠道所获得的经济潜力可以比拟。例如，富川的秀水、灵川的江头、西林的那劳等古村。

第四节 工商立业的古镇经济

广西古镇的立业主要有两个途径：一是手工制作；二是商品售转。而这两种途径皆依赖于古镇既处水运之利，又有较为深远广阔的腹地（除如永福县的百寿镇、三江侗族自治县的丹洲镇、鹿寨县的中渡镇等，其兴起与发展曾经在很大程度上依赖政治因素外）。

在漫长的旧时代，甚至到了 20 世纪 60 年代前期，广西乡村经济仍然处于极为不发达状态，绝大多数村寨基本上属于自给自足的小农经济水平，只有少数类别的生活必需品诸如盐巴、海味、布匹、灯油、铁器等需要从圩镇采买。然而，古镇一般处于货物周转要津，需要其周边的圩场贸易支撑，因而周边圩场往往星罗棋布，货品贸易或周转量仍然较为庞大。

在旧时的广西乡村，一般生活用品力求自给

图 2-12　农闲时节，三江侗族自治县富禄乡苗家妇女在相帮织布。摄于 2006 年 4 月。

自足的情形极为多见，自然经济形态稳定而且持久，并且由北往南、由东往西，乡民日常用品自给自足情形愈加普遍，自给自足领域愈加广泛，商品意识逐渐淡薄。清末民初，广西大新县一带的土州（当地土官实际控制的地区被称为土州。该地改土归流直至 20 世纪 20 年代中期才彻底完成），农户一般每家均有纺纱机和织布机，家庭人口较多的甚至有纺织机械二三架，家庭妇女都会织布和裁衣。农民在闲时兼营打铁、弹棉花、缝纫、酿酒、榨油等，以供家用。直到最近几年，桂西南、桂西等地的偏远村寨，秋后农闲时节，仍然能够看到农妇们三五结伴，在村中平旷之处结伴抽纱织布的场景。广西素来地瘠民贫，旧时各地区发展极不平衡。在一些偏远、闭塞的山区村寨，生产生活中自给自足意识和表现就更为多见。

但是，随着社会的发展，商品经济的渗透力也愈加强大，广西古镇上承都市，下接圩场，其工商色彩与作用愈加鲜明和巨大。广西古镇承接的货物，除了一部分在古镇销售外，更多地需要分散到古镇周边更为偏远、分散的圩场零售，或者集中运往中心城市甚至广西境外。就前者而言，广西古镇少而圩场多，广西人尤其喜欢赶圩，尽管在很长时期购买力不强，但交易总量仍然相当可观。环江毛南族自治县西南部的毛南族聚居区毛南山乡，20世纪50年代之前素来僻远贫穷、民不聊生。但据1953年广西民族事务委员会编印的《环江毛南人情况调查》以及相关资料记载，毛南山乡至1953年总人口不足17000人，有圩场10个。其中的下南六圩每月夏历逢六为圩日。在20世纪30年代初，旺月三个圩场下来，商品交易额在10万元大洋左右，每逢圩日赶圩人二三千，屠猪10

余头，牛3头，鸡、鸭、鹅无算。在经济较为发达的桂东和桂北，圩场的交易额就更为庞大。各个乡下圩场所交易的商品，有许多来自古镇。比如兴安县兴安古镇，商品辐射地远至资源县及全州县南境，近含周边十数个小圩场，影响面极为宽广。

广西山高水急，河流水位变化迅疾，水运受季节和天气的影响。因此，广西古镇一般都处于水陆交通要冲，其流通和聚集货物的水陆途径兼济。比如灵川县的大圩，水路直通两湖和两粤，以水运为中转站的商业特征十分鲜明；倘若秋、冬季节河流水浅，船运难行，则陆运可相辅为用——由兴安溯湘江源头过海洋山脉，就是一条历史上极为古远的商道，肩挑马驮是该商道主要的运输方式。该古道上至今仍然存留有历史上因经商而富饶的古村。与灵川县大圩古镇情形相似的其他古镇，广西所在多有。与商业地位日益上升的情形相匹配，广西古镇的手工业制作也日益繁盛。广西古镇的手工业制作主要集中在小五金、竹木器具、食品加工、缝纫印染以及金银饰品打造等方面。这些手工制作虽然大都处于小作坊水平，但古镇的手工制作基本上成为四乡里的手工业中心，各种匠作人等，基本上聚集于古镇，或者以古镇为中转地。

第二章 古村揽胜

第一节　富川秀水古村

　　秀水古村位于富川瑶族自治县西北，以风光绮丽、文化底蕴丰厚、进士繁多且有状元一名，以及村中古建筑密布并保存较为完好而著名。

　　富川瑶族自治县位于南岭之中的都庞岭余脉与萌渚岭之间，潇贺古道穿境而过。此处崇山峻岭有多处山垭连通湖南、广西，秦代在此开凿新道，即后来常说的潇贺古道，

图 3-1　富川福溪寨风雨桥横跨福溪两岸，应该是祖宗级别了。摄于 2011 年 8 月。

图 3-2　富川福溪寨百柱庙中的古戏台，可记得当年的歌舞？摄于 2011 年 8 月。

极大地改善了由潇水地区进入今广西东北地区贺江流域的
交通状况。位居潇贺古道两侧的富川瑶族自治县不仅富有奇
山秀水，更是人文荟萃之地，具有深厚而广泛的文化底蕴：
古老的风雨桥和戏台遍布富川各村；与秀水村同属一镇、距
秀水村仅约 5000 米的福溪寨，有宋代理学鼻祖周敦颐的讲
堂及其后裔居住的民居。福溪寨鼎盛时期曾经有戏台 24 座、
庙宇 24 座和石花广场 24 处，及一座风雨桥。现在保存完好
的还有风雨桥一座和古戏台、古庙宇各 3 座。清澈的福溪
蜿蜒穿寨而过，国家重点文物保护单位"百柱庙"就位于
福溪风雨桥头。因此，秀水村处于浓厚的文化氛围中。

图 3-3 秀水村秀峰山下的状元故里。杨婷摄于 2014 年 6 月。

秀水村风光绮丽，文脉悠远。雄伟高耸的都庞岭巍峨连绵，山麓起伏有致的丘壑中不时有峭拔的峻峰赫然兀立；无论是连绵起伏的群山，还是傲然独立的峰峦，都是林木蓊郁，植被丰茂；曲折婉转的秀水河长年清澈见底，水滨有一山名秀峰。村民绕山结庐，夹水而居。

秀水村民基本为毛姓。远祖毛衷，浙江衢州江山县江郎村人氏，唐朝开元年间进士，以刑部侍郎出任贺州刺史。他与家人经过富川秀峰时，深为秀峰的奇异景致所动，于是向家人立下心愿："吾归闲日，当于此地卜居。后世必有英豪者，出仕大振吾家也。"毛衷曾有七绝《即事诗》一首，表露他面对秀丽的山水田园，淡泊功名利禄、寄情闲云野鹤的心胸。

> 几年宦迹浪江湖，
>
> 到此功名心已无。
>
> 独上高楼翘首望，
>
> 江郎山下白云孤。

图 3-4　至今仍高悬于秀水毛氏宗祠里的毛衷公画像。摄于 2011 年 8 月。

可惜毛衷尚未达成他结庐秀水河畔的愿望，便在贺州刺史任上逝世。毛衷的第三个儿子毛傅将毛衷安葬在秀峰西三里处的大鹏岭，自己卜居于秀峰脚下。毛傅完成了其父毛衷的遗愿以后，成为秀水毛氏一脉定居秀水的祖先。自此以降，秀水毛氏一门得秀水钟灵毓秀，勤耕苦读，直至明朝万历年间，科第连绵，长盛不衰，成为闻名遐迩的官宦世家。在900余年中，毛氏共出进士26人，举人27人，秀才更是难以计数。其中毛自知为宋代开禧元年乙丑科状元，秀水村因此而被誉为"状元村"。

秀水村毛氏科场得意，官运亨通，在宋、明两朝达至鼎盛。不仅在外为官的毛氏族人竭力回馈乡梓，在乡耕读的毛氏族人也注重乡居建设。通观秀水各屯（秀水村因人

图3-5　秀水村秀峰山下毛氏族人的民居鳞次栉比，古色古香。杨婷摄于2014年2月。

图 3-6　秀水村江东书院遗址上的碑刻，字迹斑驳已难辨认。杨婷摄于2014年6月。

口繁衍，逐渐分置为石余、八房、安福、小水和水楼四个自然村屯），豪气考究、古色古香的明、清古建筑比比皆是，随处可见高墙大院、飞檐琉瓦、烫金牌匾，古建筑门楼上赫然高悬的"文魁""进士"牌匾让人目不暇接。这些牌匾既有皇帝赐封，也有地方官贺赠。巷道或以鹅卵石镶嵌，或用青条石铺就，蜿蜒于青砖高墙之间，颇有"曲径通幽"的韵致。

秀水极为注重文化教育，尤其将教育作为兴族持家的重要传统，予以发扬光大。秀水毛氏祖先既因科场高第而

图 3-7　上、下图分别为秀水村对寨山书院和山上书院旧址所在地，书院均设于山顶，视野开阔。杨婷摄于 2014 年 6 月。

为官贺州，自然对儒家的"学而优则仕"观念深持不疑，加之江浙人士厚文重教。家族传统与富川的人文环境、自然山水融合而成的独特文化，造就了秀水村的独特品牌。秀水村保留到现在的遗迹，就有 5 座戏台、4 处祠堂和 4 座书院。

　　秀水村流传着一个故事：宋朝毛奕中进士后曾在外为官，后来挂冠还乡，白天耕耘于碧峰秀水之间，夜晚自任塾师教授子女读书。其子毛宗、毛璋稚气未脱，调皮贪玩。毛奕将自己及两个儿子关进村后岩洞中。该洞距离地面十余丈，上、下需要架梯。毛奕命仆人抽去木梯，每日由仆人

图3-8　在秀水古村，在一些保存完好的古民居门楣上，这样的匾牌高高悬挂。人们可以想见当年屋宇主人的艰辛、惬意与风光。摄于2011年8月。

送饭。如此历时数载，两个儿子终于去除顽劣本性，专心向学，勤苦攻读。后来毛宗、毛璋兄弟考场高中，双双同登宋朝绍兴壬子科进士。

这样的传说到底有多少真实成分，倒不必深究，秀水人崇文重教却是不争的事实，否则，何以毛氏满门书香，近千年科第连绵。就在秀水涯畔，一座浓荫遮蔽的山峰上，平整的峰顶曾经矗立着一处古老的建筑，那就是秀水村著名的山上书院。一条蜿蜒的石级从山脚钻进绿树丛中，将人们引向幽静的书院，而将喧闹阻隔于

图3-9 承载了千年沧桑的古巷，将一代代秀水村英才送上科场颠峰。杨婷摄于2014年6月。

图 3-10　秀水村宏阔的广场，既能够彰显古村当年的得意与胸襟，又能够激发与鞭策族中子弟奋进。杨婷摄于 2014 年 6 月。

图 3-11　杨 婷 2014 年 6 月摄于秀水村。

图3-12　由26位进士组成的秀水村"科场群骥图"，体现的不仅是家族的荣耀，还有令人难解的古村文化密码。杨婷2014年6月摄于秀水村。

山下。当年那些稚气盎然、嬉戏打闹的幼童，也许正是靠这一方林荫雾霭，脱净了身上的顽劣，逐渐步入"文魁""进士"的境界。秀水另一书院江东书院更为著名。清代富川县志记载，江东书院名师荟萃，藏书丰富，远近闻名，求学者慕名而来，由此走出不少进士、举人。

秀水村毛氏因其科举成就蜚声遐迩，除了江浙人家崇文重教优秀传统、富川人文之气深厚、山水钟灵毓秀等因素之外，其良好的反哺模式也应该是促使秀水村文脉绵延发达的重要原因。因为秀水优美的自然环境，那些外出混迹官场并且春风得意的才子，或者开阔了视野而又心生倦怠的达官显贵，不管系衣锦还乡或是弃官归隐，几乎都将故土秀水当作他们的心灵或形骸的归宿。尤其一些弃官归乡的士大夫，把他们少时在秀水的生活复制在后代身上，其结果之一便是极大地促进了秀水的教育兴盛。例如，毛奕和毛基，在归隐故土以后，对乡梓教育贡献良多。毛基由太守任上辞官回乡后，在秀峰山上建立了"江东书院"，为培养毛氏乃至当地的才俊起到了极为显著的作用。

秀水毛氏族人由科场出仕以后，多有令名者。一个门楼前有一副对联："一对石鼓传佳话；两袖清风律后人。"门侧的镜屏里记载着一个清官的故事。

明嘉靖年间，先祖德祯公由户部郎中升云南大理府知府。任职期间克己奉公，勤政爱民，大

宋乙丑状元 毛自知

毛自知——为宪公之子，生于宋孝宗淳熙四年（公元1177年）丁酉年甲辰（三月）丙寅（26日）直子时（子时）。自知出身书香门第，自幼聪敏，力学不倦。从小就有科场拼搏，问鼎状元之志。在费时的学习环境中发奋学习，加上有先达名师的指点，在宋开禧元年（公元1205年）高中状元，因毛万里已己殿试时......

图 3-13　宋朝开禧元年状
　　　　 元毛自知画像。
　　　　 杨 婷 2014 年 6
　　　　 月摄于秀水村毛
　　　　 氏宗祠。

理政通人和，百姓安居乐业，各民族和睦相处。卸任时，当地父老挽留不住，依依不舍，以当地特产大理石制品相赠。返乡途中，有盗贼见其船吃水甚深，行驶缓慢，疑是装载了极重的财物，于是趁夜劫船。但翻遍全船不见金银财宝，又疑藏于大理石制品及杂物中，乃尽抛江中，仍不见财帛，贼众方信其清廉，纷纷谢罪离去。后检视之，仅剩一石鼓而已。地方官吏闻之深感愧疚，置酒压惊，仓促之间，另置一石鼓相赠，使之配对成双。石鼓迄今已近五百年，仍旧安放于大门两侧，供后人瞻仰。

秀水村的著名，虽然未必仰仗于状元毛自知，但秀水村被誉为"状元村"，则毛自知为唯一原因。因为自毛傅卜居秀水河畔，开基业于秀峰之后，至毛自知中状元之前，毛氏一门已经有 15 人荣登进士。毛氏家族勤学苦读，进士辈出，科举入仕，早已蔚然成风，秀峰的文脉勃然浩大。毛自知正是在这样的氛围中将秀水的科第名望推上巅峰。《富川瑶族自治县志》载，毛自知"从小耳濡目染，就有科场拼搏，问鼎状元之志。自知在良好的学习环境中，力学不倦，加上名师的精心指教，学业日精"，遂于

图 3-14　静卧于秀水村的状元楼，见证了秀峰依旧，荷韵不俗。杨婷摄于 2014 年 6 月。

宋朝开禧元年获得进士第一。

　　毛自知并非仅仅只顾自身仕宦前程的一介文人，而是胸怀国运、力主抗金的爱国志士。在开禧元年五月廷试对策时，不顾当时主和派及投降派的势力强大，毅然力排众议，主张利用金政权陷入困境的有利时机收复失地，"言当乘机以定中原"。荣登进士榜首以后，仍积极倡导北伐。由于多种原因，抗金北伐屡屡失利，主和派与投降派乘机鼓噪，主战派首领遭到陷害，而以抗金北伐主张名闻朝野的新科状元毛自知也难免遭受浩劫，竟然不知所终，不免令人惜且痛哉！

　　秀水毛氏虽然源于书香门第，注重科考仕宦，但也不

图 3-15　中西合璧的建筑风格，象征秀水人除科场奔逐之外，还有更为广阔的天地。杨婷摄于 2014 年 6 月。

弃他业，亦耕亦织，甚至到后来大力营商，使秀水成为潇贺古道上的一处商业重地。稍晚于毛白知十多二十年、宋朝嘉定年间进士出身、曾经官至会稽太守的毛基，在弃官归隐回到秀水之后，筑书院于秀水之东，并作《江东书院记》一篇。记中写道："予所居湫隘，每读书则机纱之声盈耳不绝。"这说明至迟在宋朝理宗后期，秀水之畔的纺织业就极受村民重视，成为人们重要的生计。有村民描述，清代时，秀水村曾经出过一位熟习外文、精于商贸的才子，在美国人开办的公司中任职。村中有一条街道曾经店铺、货仓相连，经营洋货和土产，生意兴隆。

不过，秀水古村毛氏家族有一个现象也颇值得玩味：毛傅开基秀水之后，终唐一代，共出文进士 3 人；有宋一朝，出文进士 20 人，其中有毛自知为状元；元代文人地位低下，且南人科举更为不易，尚有 2 人中进士；明代崇文重教，秀水毛氏仅得 1 人登进士榜；入清以后，中国科举局面整体兴盛，广西出状元 4 名，进士近 600 人，然而曾经声名显赫的秀水村毛氏，则在科场整体沉默，科名一落千丈，基本上淡出进士名录。

第二节　灵川江头古村

江头古村位于灵川县西北，以重视教育、崇尚廉正、文化底蕴丰厚、古时村中多有才俊、自然环境优雅、古建筑保存较为完好而著名。

灵川县江头村旧时又称江头洲村，村民绝大多数姓周，其他姓氏较零星。江头村坐西朝东：背靠巍峨连绵的越城岭，远眺江头村周边九山环峙，三水萦绕；村前良田万顷，视野开阔；古村右前方有笔架山、玉印山分列两处。据说江头村的周氏先祖正是看中了这里清奇和谐的自然环境，才卜居于此。江头村现属灵川县九屋镇，去桂林约 50 千米。江头村的古建筑包括 100 余座 620 余间明清房宅的古建筑群落，其中大多为保存较完整的明、清建筑，具有较浓郁的桂北民居特色和较深厚的儒家传统文化内涵。2006 年，"江头村古建筑群"被国务院公布为我国第六批"全国重点文物保护单位"，"江头村爱莲文化"被列入广西第一批非物质文化遗产名录。

《周氏宗谱》记载，周氏是宋朝理学鼻祖周敦颐后裔。先人周秀旺于明代洪武年间从湖南道州（今湖南省道县）

图 3-16 2006 年，"江头村古建筑群"被国务院公布为我国第六批"全国重点文物保护单位"。

图 3-17　横跨于护龙河上的护龙桥，河水清澈涟漪，桥身古朴庄重。河水与古桥似乎都在回味着江头村的辉煌。摄于 2014 年 8 月。

宦游广西，后在此定居，到如今已 640 余年。江头村现有 180 余户 800 余人。村里的明、清古建筑风格保存得十分完好，许多村道用河卵石铺就，干净整洁。古村之中"秀才街""进士楼""举人巷""方圆古井"等古迹遍布。村旁山清水秀，环境幽静。

道光己亥所镌爱莲堂藏版《濂溪志》载：周敦颐公有二子。长子周寿，字季老，一字元翁，第百一，生于合州，缙云县君陆氏出也。元丰五年，黄裳榜登第，初任吉州司户，改秀州知录，终司封郎中。尝与黄山谷同僚，相友善，故山谷称其"纯粹动金石，清节不朽，虽与日月争光可也"。言语文章，发明妙慧。生六子，从官居吴中。次子焘，字通老，一字次元，第百二，生于虔州，德清县君蒲氏出也。初授司法。元祐三年，李长宁榜登第，为贵池令，迁两浙转运使，知成都府，终朝议大夫，徽猷阁待制，累赠宣奉大夫。苏轼知杭州时，与之同官，亲如兄弟，唱酬诗甚多。焘著有《爱莲堂诗文集》。人称"茂叔有子，良不诬也"。生子三，居道州。

灵川江头周氏一支，当为濂溪先生次子周焘一脉后裔。考富川瑶族自治县朝东镇福溪村亦系人文鼎盛之乡，明清古建筑成片，有"进士第"多处。村中有周姓一族，亦云濂溪先生后裔，由湖南道州迁徙而至，想来也系濂溪先生次子周焘一脉。灵川江头与富川福溪相距数百里，山岭隔阻，然而村风相若，足见濂溪先生"德修一身，风润百代"。灵川县江头村整体建筑坐西朝东，固然有依山川脉理卜居构屋的成分，但村里人说，祖先来自东方的湖南省道县，屋宇东向意谓族人永志祖德，不忘根本。

图 3-18　江头村外的牌坊，体现出该村的底蕴。摄于 2014 年 8 月。

图 3-19　江头村的"字厨"，无论是造型还是功用，已大有将读书作文演绎成仪式的内涵。该村科场兴盛，字厨精神当功不可没。摄于 2014 年 8 月。

　　江头村周姓人家秉承祖训，其族风建设注重两个方面：一是"重教"，二是"倡廉"。江头村周姓族人深知"学而优则仕"的重要，将教育族中子弟勤读向学视为家族中极为重要的传统，严格承袭，乃至于将督促子弟勤学苦读上升到神圣的仪式：村头护龙河边有一座古"字厨"，外形像宝塔，下面有炉膛。凡是村里学童习字做功课用过的废纸，不可随便丢弃，必须放进"字厨"焚烧。据江头村周姓老者回忆，周氏族人不太注重购置田产留予后代，而是兴办教育，以教育兴家，以教育旺族。村中有学堂多处，即便家境贫困的族中子弟，也能靠族人资

图 3-20　江头村古建筑上不同时期的印记。摄于 2014 年 8 月。

助获得读书机会。村中所建"爱莲书院",既是族风教育重地,还是族中藏书和读书之所。因科举成名且在外为官的周永(曾任河南原武县、山东即墨县知县)偕其弟周廷绶,在江头村创办了"通致""中正"和"蒙正"三所学堂以及"进化""保粹"两所义学,请地方名流和饱学之士教授族中子弟,还购买大量诗书充实江头"爱莲书院"。后人世代恪守其先祖宋代大思想家周敦颐的"出淤泥而不染,濯清涟而不妖"教诲子弟,以耕读兴家,以清廉立身。从清代嘉庆年起到清末的 100 年间,江头村共出进

图3-21　屋宇虽然有些残破,但仍能够显示出中宪大夫府邸的豪气与考究。摄于 2014 年 8 月。

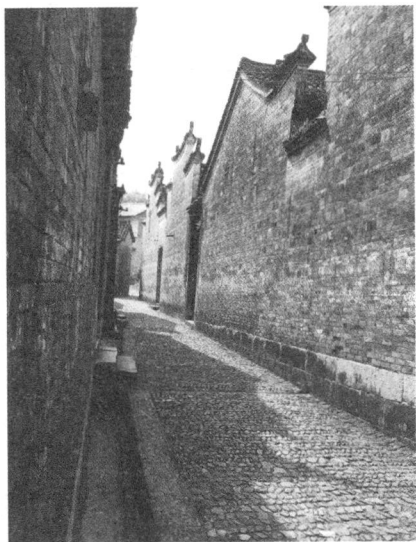

图 3-22　悠长深邃的巷道，也许至今仍然潜藏着积淀了近千年的文韵。摄于 2014 年 8 月。

图 3-23　江头村类似这样的门楣所在多有。摄于 2014 年 8 月。

士8名、庶吉士13名、会试贡士8名、举人31名、国子监36名、秀才上百人。此外，江头村出仕168人，一品官4人，二品官4人，五品以上的官员37人。其中知县21人，在京城任职14人。现在村中的老人还常说："当时啊，秀才、举人满街走，进士、翰林联袂有。"周家人做官的信条是"乱取一文断子绝孙"，因而清官辈出。譬如清咸丰年间，周履泰任山西、浙江等地知县，有政声，死后朝廷让一品大员为他写墓志铭，赞颂他为"百里之才，嘉言义行，爱民之士"。在现代社会中，这种现象已引起大众的强烈关注。

21世纪初出版的《灵川县志》记载：周启运（1792～1853），字景垣。九屋乡江头洲村人。清嘉庆二十一年（1816）丙子科举人，清道光六年（1826）进士。曾任河南省洪县、商丘、祥符等县知县，湖北德安府知府，江宁盐巡道兼江宁布政使，同时护理巡抚并代办两江总督事、直隶按察使等职。为官期间，重教化、除水患，颇有功绩。林则徐视察河南时，曾称赞他是一个好官。他始任河南洪县知县时，首先恢复篆筠书院，并教育农民挖沟、修渠、种树、严禁酗酒闹事。县

图 3-24　村旁排列挺立的石柱，成为江头村独具特色的风景，它们记录了村中的荣耀与追求。摄于 2014 年 8 月。

东南常有水患，他亲自勘察，组织人力疏通腊胫河和赵家渠，使水流入卫河，水害得以治理。在祥符县，他发动群众大筑堤坝，防范黄河泛滥，并捐薪俸抢修大梁、万泉两座书院，增设 6 所义学。在德安知府任内，亲自到汉东书院讲学，还主持编纂志书。周启运曾在家乡独资创设九屋北岸义渡和建造官坡堰石桥。著有《绍濂堂制艺》和《不为斋诗文集》。周启运的父亲周履泰，儿子廷揆、廷冕均中举，廷揆后又中进士。"一门两进士，三代四举人"，在乡里被传为美谈。

江头村有一代表性建筑名"爱莲家祠"，为江头村周氏族人的宗祠，最能体现江头村的传统文化特色。爱莲家祠始建于清光绪八年（1882），历时六年乃成。家祠以"爱莲"为名，意在族人以先辈周敦颐公的《爱莲说》教育子孙后代，为人处世要注重品行、节操，不为浊世污风所染。爱莲家祠坐西朝东，是一座五开间宽、六进深，青砖包墙硬山顶的砖木结构建筑，构思精巧，工艺精美，家祠分别由大门楼、兴宗阁、文渊楼、歇憩亭、祭祀殿、风雨亭等组成。20世纪60年代后期，爱莲家祠中的歇憩亭、祭祀殿、风雨亭被毁，但爱莲家祠的主体建筑大门楼、兴宗阁、文渊楼尚存。爱莲家祠与当地一般宗族祠堂不同。爱莲家祠不仅仅是祭祀祖先、议决宗族内重大事务的场所，还是勉励族中子弟、传承宗族文化的中心。其中"先代贻谋由德泽，后人继述在书香""心诚功就，水滴石穿"等名联字画，凝聚成周氏族人的规范。在封建王朝时期，江头村曾广延大家名流到村讲学授课，以拓展族中子弟视野。曾经为江头村子弟授业的名士近200人，其中有两广总督、直隶总督刘长佑，广西巡抚、云贵总

图 3-25　濂溪先生的人品风格，不仅滋润着江头村子孙，更在这座古建筑中得到光大。摄于 2014 年 8 月。

督张月卿，山西巡抚鲍源深，湖北巡抚严树森，广西巡抚胡云楣、张安圉，广西布政使黄植庭等。

在江头村鼎盛发达的时期里，周氏族人在确立以"爱莲文化"作为重要价值观念的同时，还建立了杰出人才回馈乡梓、宗族以奖罚分明的措施治族以培育子弟等良性循环模式。为了褒扬良善、惩处秽恶，周氏宗族制定了《周氏家训》，用以规范族人的观念与言行。族中有功成名就、政绩显著和品行高尚者，族人为其树碑、挂匾、立传；对那些违规犯错、有劣迹丑行的宗族子弟，则责令其到村西的五雷庙跪拜，直至洗心革面，改邪归正。

第三节　龙胜龙脊古村

龙胜各族自治县的龙脊村位于县境东南部，去县城21千米，距离桂林市区约76千米，点缀在巍峨连绵的越城岭南麓的丛山之中。村寨当以蜿蜒起伏、形似游龙盘旋的山脉外形而成名，加之山岭上梯田鳞次栉比，宛若龙纹，龙脊村更是平添了浓厚的中华图腾文化的韵味。龙脊村以其梯田著称于世，然而，同样创造了举世闻名的梯

图 3-26　融气势磅礴和婉转清丽为一体的龙脊古村梯田，既体现了大自然的仁厚，
又见证了人类的伟大。蒋林园摄于 2014 年 5 月。

图 3-27　披着轻纱、围着百褶裙，以及簪着片片翠绿的龙脊村寨，让人觉得似乎永
远缥缈在梦境之中。蒋林园摄于 2014 年 5 月。

田文化且与龙脊壮寨同出一脉的还有相互为邻的平安寨、金竹寨等村寨，只是在外人听来，龙脊壮族古寨的名声更为响亮一些。人们在谈到龙脊村寨的时候，往往也包括龙脊、平安、金竹等壮族古村寨，号称"龙脊十三寨"。因此，这里所说的龙脊古村，包括人们习惯上广义的龙脊，即龙脊的这一片青山绿水，坐落在龙脊山梁、沟谷中的村寨以及生活在这片土地上的人们。

龙脊村古壮寨依山而建，临水设居，其建筑主要为传统的干栏式木屋或者保留了干栏建制的新式洋楼。龙脊村的岭脚、溪边，具有广西乃至全国保存最完整、最古老、

图3-28　夹着曲折的青石板路，两栋楼似乎在窃窃私语。摄于2011年10月。

规模最大的干栏式木楼建筑群，其中有 5 处木楼已经有超过 100 年的历史，其中最古老的木楼达 250 年的历史。吊脚楼之间是饱经沧桑的青石板路，崎岖、坎坷。那蜿蜒曲折，似无尽头的石级，似乎蕴含了壮家人太多的与天地争命、与自然和融的豪迈歌谣。

龙脊村的建筑基本保持着干栏式风韵，但糅入了更

图 3-29　干栏木楼虽然早已被废弃，但龙脊壮家的故事却还没有远去。摄于 2011 年10 月。

图 3-30 龙脊古村的一些壮家木楼虽然保持了岭南干栏式建筑元素，但已经大量融入了当地瑶家的建筑风格。摄于 2011 年 10 月。

多的汉、瑶、侗等民族的建筑元素：整体造型追求方正、周延，即便较为简陋的也多为五柱四排三间；几乎为全木结构，底层为堆放柴草、农具及闲杂物品之用，二楼多设吊脚，三面或者四面回廊；楼高不限于两层，根据家庭人口数量，有多至四五层者。从二楼开始往上，每层大多向外出挑半米左右。家境殷富人家窗棂气派，并配以精美的木刻。隔窗相望，满眼尽是峰峦叠嶂、雾卷云飞和层层梯田，颇有宋朝诗人张耒所描绘的意境："梦觉隔窗残月尽，五更春鸟满山啼。"

图 3-31 龙脊古村壮家木楼上的窗棂和木壁雕饰，有许多吸收了汉式装饰风格中精致与繁复。摄于 2011 年 10 月。

　　有关资料显示，龙脊村已经有 430 多年的历史。村中廖姓人口最多，另外有潘姓、侯姓居民。现在普遍认为廖姓居民是龙脊最主要的开拓者。周侯姓族谱以及潘家祖坟碑刻记载，二姓祖先均来自南丹庆远府。据《龙胜县志》载，龙脊廖姓于明代万历年间（1573~1620）迁入现在居地。其地最为著名的人文景观梯田，据传始建于元朝，成型于明代，到清初的时候已经基本完工。以此推算，最早开垦龙脊梯田的，当然是稻作民族，亦即在廖姓居民到达龙脊这片土地之前，已经有人在此生息繁衍了。

　　龙脊、平安、金竹等廖姓居民认为，他们的远祖最早由山东迁徙至广西，到今天的兴安县西部溶江镇五甲村廖家寨屯居住，后来有一支再向周边的富江村迁徙。若干年后居住于廖家寨房族中有两兄弟再向外迁徙，沿着今兴安县金石（漓江上游的一条重要支流小溶江）到今龙胜各族自治县的金坑（金石、金坑原为兴安县属地，称"两金"，20世纪50年代行政区划调整，金坑被划归龙胜。廖姓居民定居、繁衍的壮寨，就在发源于金坑地区的一条名叫金江的小河下游。龙脊村现存碑文记载，龙脊地区民国17年前后属于

图3-32　水绕山抱、沟壑百结是龙脊古村的重要特征。披着轻纱、围着百褶裙，以及簪着片片翠绿的龙脊村寨，让人觉得她似乎永远是镶嵌在图画之中。蒋林园摄于2014年5月。

兴安县西外区龙脊团），再到今天的龙脊地区，
兴安县溶江镇五甲村廖家寨屯居民几乎全为廖
姓。龙胜各族自治县龙脊几个廖姓村寨的居民每
年或派代表，或房族整体出动赴兴安县溶江镇五
甲村廖家寨屯祭祖扫墓，以及参加一些大型的联
宗活动。尽管族源相同，族谱基本一致，但龙脊
村廖姓居民现为壮族，而兴安县溶江镇五甲、富
江两地廖姓居民均为汉族。

龙脊梯田是龙脊人民施以山川大地最精心、最壮阔的
雕塑，规模宏大，错落有致，缝接缜密。梯田宛如一条条

图 3-33 翠绿如玉、灿黄如金，一起烘托着龙脊古村"七星伴月"。蒋林园摄于
2014 年 5 月。

图3-34 红的似火，绿的含黛，红绿竞相交映着古老的青石板路，龙脊女儿总是显得悠闲、恬淡与自信。蒋林园摄于2014年5月。

玉带，从山脚一直缠绕到山腰；梯田又如苗家少女脖颈上重叠环悬的银饰，从山腰直挂到山脚。横披在山梁上的梯田如卧龙身躯上的条条肋骨，又如虎背上的款款花纹。那磅礴壮观的气势，那行云流水的造型，给人们心灵以强烈的震撼。其中的"七星伴月"与"九龙五虎"，则是精致与壮美的有机融合。梯田最高处海拔880米，最低处海拔380米，占地面积约4平方千米。

关于七星伴月的来源，龙脊村寨里流传着一个凄美的爱情故事。相传几百年前，离龙脊很远有一个偏僻山寨，山寨里住着瑶家和壮家两族人。有一个叫阿星的壮家小伙爱上了一个叫阿月的瑶家姑娘。当时寨子里有规矩，壮家和瑶家互相之间不能通婚。如果壮家和瑶家的青年男女结婚了，那就是犯了寨规，要被族人惩罚，更严重的还会引起两族人的械斗。为了能够永远在一起，他们相约逃离山寨，翻山越岭来到这一年四季被云雾缭绕的龙脊山上过着与世隔绝的生活。他们开山辟地，沿着山底用竹筒做水平尺开出了一层

图 3-35　参差坎坷的青石板，铺就了龙脊人数百年的平安与顺畅。徐治平摄于 2011 年 10 月。

层梯田。阿星和阿月相依为伴，生儿育女。不久他们便有了三男三女，一家人过上像蜜糖一样甜的生活。但阿星和阿月的生活最终还是被他们的族人发现了。突然有一天晚上，瑶家头人带领着族人，趁着夜色点着火把，团团围住了他们的木屋，把阿月押回了瑶寨，关进了寨牢里。可怜的阿月天天遭到族人的唾骂，加上饥寒交迫，不久含恨而死。阿月死后，阿星将阿月的尸首偷偷背回到龙脊，埋在他们曾经辛勤耕作的梯田旁，好让阿月日夜陪伴在自己身边。有一天，阿星带着六个儿女来到阿月坟前祭拜，阿星的诉说加上儿女们那一声声撕心裂肺的哭喊惊天动地，久久地在山谷间回荡。霎那间雷电交加，狂风大作，大雨倾盆。待天晴后，阿星和他们的六个儿女都不见了，只见两团彩云在山谷间缓缓飘动，还不时交织在一起，周边六缕云彩围绕着两团彩云欢欣地跳跃。

八片彩云盘旋了一阵之后，悠悠地升上龙脊山顶，最后消失在天空中。许多年以后，在一个晴朗的星夜，人们看到七颗流星陪伴着月亮，在龙脊上空飘舞，然后降落在阿星和阿月开辟的梯田里，山谷和村寨里满是祥光。第二天早上，人们爬上梯田，只见七个大小各异的土山包，陪伴在阿月的坟前，形成了现在七星伴月的奇特景观。

梯田是山区常见的稻作景观，我国华东、华南及西南地区所在多有。但龙脊村的梯田却有独特骄人之处。龙脊梯田不仅规模宏大，造型别致，且其整体生态功能的设计与发挥令人叹绝。龙脊地区群山雄峙，高大巍峨，整体地势较为陡峭，许多地块坡度在50度以上，有的甚至在70度到80度。该地区虽然雨水丰沛，但如果不注重水分涵养，要保证稻田长时间用水以及村民生活用水仍然是极为困难的。因此，龙脊人民在选择开凿梯田的地段、水源林的养护、水源林地面积与梯田用水面积的比例、用水系统的建构以及水资源利用效率的最大化等方面，都体现出极为高超的生态智慧，达到了自然生态与人类的生产生活整体和谐乃至和融的境界。龙脊人民在梯田的构想与开凿方面，不管是主观努力还是客观效果，体现出充分考虑自身的生存及发展需要与自然生态承受能力之间的辩证关系，并且将自然与人文完美地融合起来，创造了整体的生态和谐境界。在地势平缓的地方，梯田被开凿得开阔、平整，在地势陡峭的地方，梯田便设计成游丝、锅盖般粗细、大小；沟渠与田坎的配置及协调，形成了完善的自流灌溉和山洪排泄系统，从而保证稻作季节水田的水量基本上处于恒定状态，同时又极大地减少了护理农田作物的工作量；即便在暴雨和较长时间干旱的情况下，既不影响农耕生产，更不至于发生地质灾害；在居屋选址和建设方面，人们采取集中与分散结合的办法，注重处理好自然生态的承受能力与人们的社交需要之间的关系，因而整个龙脊村大寨、小寨，甚至个别单家独户等居住格局整体分布合理。因此，龙脊村呈现了森林、溪流、梯田、村寨四者和谐相融、共生共荣的局面。

图 3-36 隆冬的风霜洗净了龙脊的铅华，留下的仅仅是素净与淡雅。摄于 2011 年 10 月。

　　龙脊村民说，先辈选择在龙脊安家是很有讲究的：古寨旁的一条巨大的山脊来源很远，一直延伸到山脚下的金江，就像巨龙从天而降，俯伏到江边饮水。龙体蜿蜒起伏，快到江边的时候稍显平缓，这平缓处远看像一把巨大的座椅，古寨恰好就在龙脊形成的座椅中间，两旁各有一条山脊，形如龙椅的两个扶手。山梁之间的山谷里，长年溪水淙淙，清流不断。因此，龙脊村无灾少祸，世代平安。其实，人们选择栖息地，往往特别注重水源的充沛。在龙脊村廖姓居民的祖籍地兴安县溶江镇五甲村廖家寨屯相距不远的一个叫"庵堂岭"的地方，地理形势就如一个小龙脊：山梁平缓处犹如一把椅子，椅子靠背的地方有一个很大的泉眼，清澈的泉水曾经养育过十数块梯田，三五户人家，外加一座庵堂。传说某一年庵堂里的僧人不遵佛道，惹怒苍冥，神灵降灾于僧人，并把泉眼堵了，此后庵堂岭上长年再不见人烟。

　　龙脊村的梯田，有些袖珍得就像农家少女挂在胸前的玉佩。传说旧时候有一个庄户交代他的一个儿子："你今天把屋后的那206块田整一下，过几天好开秧门。"当地将第一次插水稻秧苗称为

图 3-37 盘旋、坎坷的山路上，龙脊女子凭着一筐背篓，背出了龙脊人的过去与
未来。徐治平摄于 2011 年 10 月。

　　"开秧门"。小伙子从早忙到晚，看看自己整好的
田块十分得意。可数来数去，整好的水田只有 205
块。他觉得纳闷，以为老父亲记错了。当他拿起放
在地上的蓑衣准备回家的时候，才发现原来他的蓑
衣下面还罩着一块田！

　　龙脊梯田是人类与大自然争竞、与大自然和融的杰
作，是人类生存力量和生存智慧的结晶。龙脊人一代又
一代在山岭上摸爬滚打，与其说塑造了这条巨龙的脊梁，
还不如说展现了龙的传人的浩瀚大气。如今的龙脊梯田不

仅是村民的直接食物来源地，更是见证人类伟大的想象力和创造力的鲜活教材，是人们领略自然风光和人文成果的胜地。每年到龙脊参观的游客络绎不绝。游客们都是怀着向往之心而来，带着惊叹之情而归。当面对自然和人类的巨大手笔，再仔细审视眼前极为平凡而朴实的龙脊人，外来的游客总会生出无限的感慨。

龙脊村有一种远近闻名的特产，那就是龙脊水酒，同样属于龙脊水土和智慧的结晶。龙脊梯田出产一种极富特色的稻米——龙脊香糯，是酿制龙脊水酒最为重要的原料。龙脊人将龙脊香糯蒸熟冷却，拌以自制的酒曲，然后装入陶缸中密封。等发酵成熟后，再不断掺以烧开的龙脊山泉，并且让陶缸中酒化的香糯继续发酵，直至三五十斤香糯饭酒化成一小团沉淀于缸底。经过一年乃至更长时间以后，陶缸中的酿酒便成为陈年窖酒。此时的龙脊水酒清澈见底，滴酒见丝，清香四溢，饮之粘唇，甘绵醇厚。初饮者不识其酒力，以为平常。殊不知酒劲后发，饮醉者数日方醒。

龙脊水酒以廖姓人家所酿最为著名。龙脊廖姓人几乎家家酿制水酒，陈年窖酒保存两三年的也不鲜见。廖姓人家善酿，而且以大量清泉水兑制，造价低廉而酒质上乘，与其祖居地的酿酒方法传承不无关系。廖姓祖居地兴安县溶江镇五甲村廖家寨传说：在很古很古的时候，有一对家境贫寒、心地善良的夫妻，经常不顾自家的寒苦而去帮助比自己生计更为艰难的人。有一天，具有神奇法力、造福桂北一方的寿古隐者听说了贫寒夫妻的善行，特地化作一个衣衫破旧、肮脏无比、病得奄奄一息的乞丐趴在这个农夫家门前。农夫和妻子小心翼翼地将乞丐扶进家里，夫妻俩一起把乞丐洗换干净，并将家里仅有的半升糯米煮成米饭端给乞丐，自己仅盛一碗野菜充饥。乞

图 3-38 龙脊古村壮家特产水酒，看似酒度不高，但酒力绵长，后劲惊人。唐笑笑摄于 2014 年 5 月。

丐吃了几口糯米饭后摇身一变，现出寿古隐者原形，端坐在半天云中。夫妻俩拜伏在地，不断叩谢。寿古隐者缓缓降落大堂，询问夫妻二人想靠何种办法致富。夫妻二人答："我们一无田地，二无本钱，三无本事，哪里能够致富？我们贫苦惯了，就这样平安度日也好。"寿古隐者叫夫妻二人搬出家里的一个大陶缸洗净，将吃剩的糯米饭倒入陶缸中，从怀中掏出一面干净的棉布覆盖在陶缸上。顷刻之间，酒味浓香四溢。寿古隐者将覆盖缸口的棉布揭开，只见小半缸清澈见底的米酒，尚未化尽的糯米饭静静沉淀在缸底。寿古隐者再一招手，一根竹笕将后山的泉水接进屋内，直接注入酒缸中。寿古隐者嘱咐夫妻俩："今后缸中的米酒取之不竭。你们夫妻二人就靠卖酒为生吧。"说毕，寿古隐者化作一缕祥云，飘上天空。从此以后，农夫每天只取少量水酒出售，余下的仍旧用棉布盖好窖藏。年复一年，米酒越窖越醇，农夫家的日子也慢慢宽裕起来。

龙脊人喜欢饮酒，也颇能饮酒，尤其在客人临门、亲朋聚会的时候，火塘边是不能没有酒的。龙脊地处桂北多雨高寒山区，春夏雨水勤，湿度大；冬天寒风烈，霜雪紧，而适当饮酒能够御寒、祛湿及抗疲劳。旧时的龙脊人，凭着这一方水土的眷顾，富贵固然不易，但求得基本的温饱却并非难事。因此，龙脊人祖祖辈辈在既与天地争竞又祈求与自然和融的过程中、在酒与歌的闲适中继续着他们恬淡的生活。直到今天，当一拨又一拨游客将山外的喧闹带进龙脊的时候，古寨中的许多龙脊人，在劳作一天、收拾好农具以后，仍然是那么悠闲、自得：在熊熊的火塘旁边，列几碟山肴野蔌，就一壶龙脊水酒。此情此景，即便是葛天氏之乐，恐也难比也。

石文化元素丰富而鲜明是龙脊村的又一大特色。数百年来，龙脊人民充分利用当地丰富的石材，创造出独特而内涵丰富的石文化。人们建筑房屋时，用片石垒砌地基；人们在村寨内和木楼间用青石板铺就婉转曲折、坎坷错杂的巷道；横跨在溪流和沟坎上的 57 座青石板桥，凝聚了龙脊古寨文化建设精华的石雕和碑刻，以及人们日常石质用品太平清缸、石水槽、石寨门、石碾、石磨、石臼等，可谓是"一步一石，五步一刻，十步一碑"。可以毫不夸张地说，在龙脊古寨，目之所及者几乎就是木楼和石片。石片与干栏式木楼一起，见证了龙脊的沧桑。

　　龙脊村有一座青石板架构的风雨桥，风雨桥上有一幅远近闻名、寓意深邃的"三鱼共首"石刻。当地有人认为，他们的祖先之所以留下这么一幅令人费解的石刻，是要告诉后人，龙脊居民原来主要由廖、侯、潘三姓人家组成，三姓人家要和睦共处，誓同一体。也有人说，三鱼共首意味着三姓人家面临大事的时候，必须有人出头首倡；不论哪姓人领头，另外两姓人必须将其当作本姓人的首领，共谋村寨平安。还有人说，三鱼共首寓意为道家"一生二，二生三，三生万物"观念。更有人说，龙脊人尊崇天、地、人和谐一体的"三才"观念，只有这三才相生共荣，龙脊村寨才能永续发展。

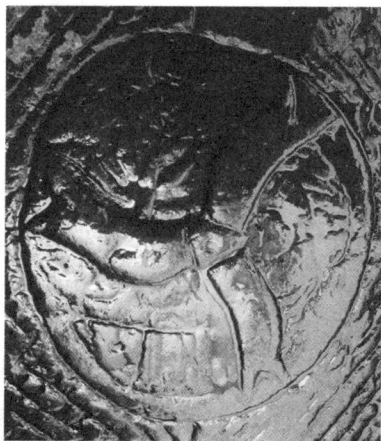

图 3-39　龙脊古村三鱼共首石雕具有极为丰富的象征内涵。蒋林园摄于 2014 年 5 月。

龙脊古寨虽然远居深山老林，人们数百年来重复着"日出而作，日落而息"的古朴而简洁的农耕生活，也尽情享受着"葛天氏之乐"的纯美，但仍然注重村寨文化建设，用独特的龙脊样式规范着人们的言行，凝聚出和融自然、和融社会的龙脊精神。据新修《龙胜县志》记载，古时候龙脊十三寨联盟为"团"，团设头人，由十三寨推选深孚众望、能言善辩、处事公道的长者充任，负责管理村寨公共事务，亦兼调解家庭纠纷。清乾隆六年，官府在龙脊设"塘"，由清官员管辖统治，但仍承认民间的"团"组织。然"团"的权力日渐式微，最终失去处理偷盗之权，仅有制订乡规、督导执行乡约和调解纠纷之职能。民国23年，广西推行"乡村甲制"后，龙脊设村公所，"团"的政构解体，一切政务由村、甲施行。不过，即便官方机构在政治事务中具有绝对崇高的地位，但寨中威望卓著的长者，在寨中发挥协调作用的现象仍然存在，人们也信任他们的调解。

龙脊规碑

（碑额：严规安民）

窃为天下荡荡，非法律弗能以奠邦国。而邦国平平，无王章不足以治间阎。然乡邻缪稿，岂无规条，焉有宁静者乎！条规一设，良有以也。

图3-40 古老的红豆杉，见证了龙脊数百年风霜，也给龙脊人们带来无限吉祥。徐治平摄于2011年10月。

盖因世道衰微，邪暴又作。叹我龙脊地方，田窄土瘠，居民稠密，别无经营，惟赖生产以充岁耳。贫者十家有九，强梗朋奸鼓衅，屡倡不善之端；富者十户有一，懦弱踟蹰不前，迭受阴柔之屈。于道光四年（1824），蒙府主倪奉上宪巡抚大人赵恩发朱谕，举行团练，各处张挂，黎庶成遵。奈吾境内，有饕餮不法之德，类如祷杌，竟将禁约毁弛，仍前踵弊。非惟得陇而欲蜀。男则贪淫好窃，女则爱鹜轻鸡，猖獗不已，滋扰乡村。今幸蒙董主荣任此方。见著三善三异，饭厅花落，囹圄草生，何啻圣君慈父，民知有善政而下，安得不凛循为之善化矣。故吾备寨人等，同心镂立石碑，以儆后患。自立碑之后，凡我同仁，至公无私，各宜安分守己，不得肆意妄行，排难解纷，秉公处理，勿得贿唆，徇情私息。当惧三尺之法，可免三木之刑。吾乡慎遵。庶几风淳俗美，永保无虞，乐莫大焉。是为序。

今将各条胪列于左：

一、官衙塘房，从昔分定各修，列分东西左右。其西右边诸房等项，系大木下半团修理。其东左边等项以及第三层官歇之大房，系官衙，龙脊上半团修理，前分上下，内外交乱，分占修理错越不一。于道光二十六年（1846），其大房倒塌损坏故我龙脊依同官衙人等，另将塘房踏看，交合照分，各使修理，免违大公。其官歇大房三间，左厢房上头二间，右桅杆一根，以及大门前街以中，直至左厢房面前街，此项归我龙脊修理。其余俱归官衙人修理。立有定章合同确据。

一、值稻、梁、菽、麦、口、黍、稷、薯、芋、烟叶、瓜菜，及山上竹、木、柴、笋、棕、茶、桐子、家畜等项，乱盗者，拿获交与房族送官治。

一、在牧牛羊之所，早种杂粮等物，当其盛长之时，须要紧围，若遇践食，点照赔还。未值时届，禁关牛羊，践食者，不可借端罚赔。

一、离团独村寡居，恐被聚集贼匪昼夜劫抢，鸣团一呼即至，不得畏缩逡巡。立时四路捕守，拿获送官究治。

一、擒拿窃匪，务要赃贼实据，不可以影响疑似之事，妄拿无辜。即幸人赃两获，送官究治。

一、恶棍滥崽，闯祸借端，惯使之徒，牙角相争，平地生波，切不听信作中。若不经鸣老人，妄纵差传至乡，宜要揣情，秉公理究。不可藐官欺差，倚禁抗法。如有滥请滥中，架害作诈，酿成大祸不测，岂忍似狼噬羊之害，并及中人，呈官究治。

一、别省各邑外来之人，杂居境内，毋许与集游混，引匪留贼，诱赌狡讼。如有此等，送官究治。

一、游手乞食、强讨面生之辈，夜间勿使乱入社庙停宿，秽污神圣。或三五成群，必致行蛮。凡遇婚丧之事，多食不厌，酗酒放恣，扰乱乡人，鸣同送官。如有蹒跚瞽目者，即便打发勿责。

一、遇旱年，各田水渠，各依从前旧章，取水灌溉，不许改换取新，强塞隐夺，以致滋生讼端。天下事，利己者谁其甘之。

一、田土山场，已经祖父卖断，后人不得将来索悔取补。今人有卖业者，执照原契受价，毋得图利高抬，如有开荒修整，照工除苗作价。

一、强壮后生以及酗酒之人，不忍三思，只逞凶恶动气，与人斗殴，恐一时失手伤人，累害不浅，此宜戒之。

一、各村或有小事，即本村老者劝释便宜可也。

一、本团所属境内，年节月半，亲戚送包，礼仪往来，今当地方公议，从今以免包仪。

以上诸条，并非异古私造，依存天理，何敢犯上，官有官例，民有民规，谨此敬刊裕后，万古不朽矣！

道光廿九年岁次己酉三月吉日旦龙脊众立

龙脊添丁会布告碑

（碑额：兰桂腾芳）

兴安县西外区龙脊团添丁会布告，为布告事。照得今日文明国家，许人民自由集会结社，无非令人讲兴利除弊，以图地方自治，而学会、农商会布满天下，若会员能振作精神，竞争进步，以图富强，未尝不占于优胜地位。今我辈设会，意不在此。

因吾辈命运乖违，欠缺子息，恐后启之无人，痛先灵之谁靠。不已，而推定相续之人，或同宗，或异姓，以承吾之财产宗支，使数百年继续之权，一旦失于他人之手，此中景况，难向人言。不但此也，一家相聚，难免无同异之心，父子同居，或具有彼此之见。有善无可劝勉，有恶无从规戒。不已，前派代表赴县呈请县公署，马知事批，状悉：准尔承祧备案，自行勒碑，永远竖立通衢，此批。如是而集同况之人，结为社会，又何敢望优胜于社会上也。只求宗、支香烟不替，家庭相督有人，或内外房族稍有差池，可于社会讨论，互为劝勉，互为警戒，设此会者，非庆幸也，实自悲也。然无子而有子，无孙而弄孙，螽斯衍庆，麟趾呈祥，又何尝兴家施有异同也。切切此布。

民国十七年岁次戊辰二月二十三日

第四节　西林那劳古村

那劳古村位于西林县东部。村中曾孕育出多名叱咤清末民初政坛风云的人物，以文化底蕴丰厚、注重教育、富有民族特色并保存完好的连片古建筑而著名。

在号称广西"省尾"的西林县，有一条大致由西向东流淌的驮娘江斜贯全境。这里曾经是句町国故地，甚至称得上是句町国的政治、文化中心。驮娘江浩荡的水流将铜鼓文化经右江布流至桂南各地，又将广西东部乃至广东的物品西运给句町古国的子民。西林县的那劳古村就静卧在驮娘江边。当句町古国的硝烟消散了约 2000 年以后，这片土地又孕育出中国近代史上一抹灿烂的光辉。

西林县那劳村距县城约 40 千米。那劳这片土地与岑氏家族有着解不开的联系。岑氏土司曾经领有包括那劳在内的广阔土地，其祖先看中了那劳这片土地的地理形胜以后，将土司府迁徙到那劳。那劳岑氏土司也曾在政治上跋涉过曲折坎坷的道路。到岑毓英统领时，西林那劳迅速成为中国西南边陲的一颗璀璨明珠。岑氏家族建筑群在当地俗称"西林宫保府"，为广西壮族自治区重点文物保护单位。所以，人们说起西林那劳古村，实际上主要就是在讲述宫保府以及岑氏家族的故事。事实上，宫保府仅仅是那劳古村岑氏家族建筑群中的一部分。

最为西林人称道的是，岑氏一门出了三位总督，因而有"一门三总督"之谓。"一门三总督"即岑毓英、岑毓宝、

图 3-41　西林那劳古村宫保府水环山抱，位于由桂入滇的交通孔道上。曾昌明摄
　　　　　于 2014 年 7 月。

图 3-42　蜿蜒流淌在广西崇山峻岭中的驮娘江，看起来似乎并不起眼，但却孕育了
　　　　　著名的句町文化和风云人物。2006 年 10 月摄于广西西林县那劳村。

图3-43　至今生息在驮娘江畔那劳古村的人们，仍然过着简朴的生活。他们的祖先曾经创造了辉煌。曾昌明摄于2014年7月。

岑春煊。实质上岑毓英、岑春煊父子为名副其实的总督，而岑毓英的同父异母弟岑毓宝仅仅是在其兄岑毓英病故于云贵总督任上后，奉朝廷电令代理总督83天。

　　岑毓英（1829—1889），西林县那劳乡那劳村人。岑毓英自幼就受传统礼仪和为官从政思想的熏陶，少年在县城定安（今田林县定安镇）、云南省广南县读书。23岁参加县试中试，任西乡（含今隆林各族自治县的岩茶、介廷和西林县的那劳、那佐、弄汪、西平等地）团总。清咸丰初年，岑毓英在籍办团练平息地方动荡，因而被保举为候补县丞，从此岑毓英以候补县丞身份带团练入云南。在那场旷日持久的战斗中，岑毓英以他的精明勇敢，异军突起，屡立战功而步步高升，由知县、知府、布政使、巡抚，直到署云贵总督，成为平定该次云南事变的主将。他吸取前任督抚失败教训，采用"剿抚并用""避坚攻暇"的方针分化瓦解，各个击破，用十多年的时间，于1878年攻下了大理，使云南事件彻底平息，从而得到了清朝廷的赏识和差用。同治十二年（1873）正月，清廷赐岑毓英"赏穿黄马褂"加赏"太子少保"衔，并改"骑都尉"为"一等轻车都尉"世职，成为封疆大吏、"中兴名将"。光绪二年（1876），岑毓英借继母病故，报告朝廷解任回乡，清廷允许他回乡避过风波。岑毓英回那劳后，便大兴土木，兴建"宫保府"。光绪五年（1879）三月，岑毓英奉旨进京，光绪帝三次召见，并任其为贵州巡抚，授予"兵部尚书"官衔。光绪七年（1881），中法战争爆发在即，清廷考虑到台湾孤悬海外，命岑到福建任巡抚，督办台湾防务。在台湾岛，岑毓英组织开发东部山区，疏通西部平原的大甲溪，修建台北防御碉堡和战壕。清光绪八年（1882）五月，岑毓英升任云贵总督。时值越南战云密布，岑毓英看到边疆防务松懈，自愿请缨出关抗法。清廷以岑"威望素著"和"勇于任事"，批准他带兵出关，并给予岑毓英节制关外各军的权力。法国入侵越南后，迫使越南统治者订立《顺化条约》，将越南变成法国的保护国，中

图 3-44　至今仍然保留在那劳古村宫保府的岑毓英画像。曾昌明摄于 2014 年 7 月。

图3-45　岑毓英曾经生活过的故土故居。曾昌明摄于2014年7月。

图 3-46 岑毓英任云南巡抚时委托族兄修建的府邸。岑返乡后嫌其低矮，弃而另建宫保府，将此府邸送给族人。曾昌明摄于 2014 年 7 月。

国西南边陲直接受到威胁。岑毓英受命增兵边防，之后，与其他边疆将士配合，在中法战争中取得一系列大捷。光绪十五年（1889），岑毓英病逝于昆明，后葬于桂林尧山岑家岭，享年 60 岁。清廷赐太子太傅，谥号"襄勤"。

岑毓英文武双全，就任云贵总督初时，昆明城内文官墨士以为他是一介武夫，不通诗文，在一次宴会上，有人提议即席赋诗，并"推举"他先赋，想出他的丑。岂料岑毓英不假思索，一首辛辣的讽刺诗一挥而就。

图 3-47 那劳村宫保府正门。其正前方一段山梁恰似一巨型座椅。曾昌明摄于 2014 年 7 月。

素习干戈未习诗，诸君席上命留题。琼林宴会君先到，塞外烽烟我独知。

剪发接缰牵战马，割袍抽线补军旗，貔貅百万临城下，谁问先生一首诗？

众文士见状，面面相觑，此后在岑公面前，再不敢随意舞文弄墨。

岑毓宝（1841—1901），西林县那劳乡那劳村人，清云贵总督岑毓英之三弟。他少年从军，服役于云南清军营伍，勇于战阵，得到清朝廷的奖赏，赐予"额图辉巴图鲁"（满语，战斗英雄之意），官居二品，赏戴花翎，先后任福建盐运使、云南观察使、云南布政使等职。岑毓宝一生，颇有些悲情色彩：谋略、武功、文采皆不输其兄，然而其兄岑毓英头上的光环过于耀眼。终其一生，岑毓宝凭借其兄岑毓英发迹，但却始终走不出岑毓英的荫蔽。即便是在其兄病故于云贵总督任上，岑毓宝以云南布政使职代理云贵总督，清廷还是不愿将西南大任继续委于岑氏。待西南局势略有稳定之后，即委派他员取而代之。由于对清廷不存期望，正值壮年的岑毓宝辞官回西林那劳，与族兄岑毓灵等组织"维新团"，并派人到西林县周边的泗城、广南、兴义、安龙等地发展组织。"百日维新"失败，国势益危，乡党不容，岑毓宝郁郁不得志，于光绪

图 3-48　广西西林县那劳村宫保府侧影。曾昌明摄于 2014 年 7 月。

二十七年三月初七（1901 年 4 月 25 日）晚在那劳宫保府吞金自尽。岑氏族人对岑毓宝的丧事草率敷衍，其子岑兆禧十分不满，千里迢迢抬棺回昆明，葬于钱卫屯山麓。

岑春煊（1861—1933），广西西林县那劳乡那劳村人，字云阶，乙酉（1885）科举人，晚年自号炯堂老人，系清朝云贵总督岑毓英第三子。岑春煊历清、民二代，在清朝末年曾任光禄寺少卿、太仆寺少卿、署大理寺卿、广东布政使、甘肃布政使、山西巡抚、广东巡抚、四川总督、两广总督、云贵总督加兵部尚书、邮传部尚书等职；辛亥革命后曾任各省讨袁军大元帅、护国军军务院

图 3-49　至今仍然保留在那劳古村宫保府的岑春煊画像。曾昌明摄于 2014年 7 月。

抚军副长（摄行抚军长职权）、两广都司令、护法各省联合会会长、中华民国军政府七总裁主席总裁等职。岑春煊原籍为西林，且号称"西林先生"，但跟桂林的关系似乎更密切一些，因为岑毓英有江、赖、唐、周氏4位夫人，7个儿子，6个女儿，这些子女中，有些是在桂林水东门街岑氏"宫保第"府大宅门出道的，其中以岑三公子春煊在桂林的奇闻异举尤多。然而，即便如此，一个"西林先生"的称谓，也足以体现岑春煊对西林那劳古村这片故土的深切眷恋。

毫无疑问，岑春煊系晚清重臣。民国时期桂系尤其旧桂系的成型与叱咤风云，溯其源头，跟岑春煊有着密切关系。清朝末年列强入侵，国破民疲，更是激发了他的爱国情结。甲午中日战争爆发，岑以大理寺正卿三品京官的身份，只身请缨，誓效命疆场。19世纪末，岑春煊竭力推行新政，不遗余力，成为官僚立宪的主将。八国联军进攻北京，慈禧等重要皇室成员狼狈外逃。岑春煊勤王护驾有功，随驾入京时获授"紫禁城骑马，赏穿黄马褂"。共和兴起，岑春煊顺应潮流，以疆臣大员的身份通电朝廷，促成清帝退位。袁世凯背叛革命之后，他则挺身而出，全力讨伐。晚年虽不问政治，但仍不失爱国民族气节。1932年（民国21年）淞沪事发，他公开发表声明，声讨日本侵华政策及暴行，并捐私款三万元支持十九路军抗日。

岑春煊出身显赫，对科场功名不甚在意，又沾有典型的官宦子弟恶习，因此旧时桂林流传有一些关于岑春煊的街谈巷议，甚至有的说得鼻眼俱全，而且行诸文字。其中最主要的有他考举人和购买雁山园的轶事。

光绪五年（1879），19岁的岑春煊从桂林去到京城，用银钱捐了一个工部主事行走。但他旧习未敛，常与一群官宦不良子弟酗酒滋事，名声不佳，几年后不得不回到桂林"宫保第"府闲居。到了光绪十一年（1885）乙酉科八月，广西各县秀才、监生都纷纷赶来桂林，参加省城贡院三年一次的乡试。年已25岁的岑春煊也想当举人，但被乡试要考的经、史、时务、八股文和试贴诗难住了。他焦急万分。临到考试时，请了一名"枪手"去应试，使他终于当了举人！这代笔的枪手是谁？在桂林有两个传说。第一种传说，桂林前辈廖仲翼在《岑春煊事略》一文忆述道：廖府曾与岑府世交，常有往来，对岑春煊见闻知晓颇多。岑春煊乡试作弊，临试时是由桂林老孝廉胡世鼎、胡世铭兄弟代写试卷，并买通考场人员"买卷入场"行其事的。第二种传说，是来自桂林榜眼刘名誉之后刘荣华回忆。民国六年（1917）出生的刘先生忆述道：岑从小在桂林，读书不努力，眼看着没有出息了。但他是在书香世家先祖刘名誉父亲刘玖石门下读私塾的，玖石公曾将自己的大女（刘荣华先生的姑母）许配给岑春煊。与岑有了姻亲关系，刘家也就为岑春煊的功名仕途着急了。临试时，是由与他同年，但早已是进士出身的刘名誉代笔的。刘名誉是个才子，出生于咸丰十年（1860），光绪五年（1879）己卯科乡试第三名榜眼、光绪六年殿试第七十六名进士，钦点翰林，时 19 岁。对刘名誉这个才子来说，考举人实乃小菜一碟。

不过，这些传闻仅可作饭余磨牙消遣而已，以当时科场考试管理之规范，以及官府对作弊者处罚之严酷，如传说中岑春煊式作弊，可信度应该不高。

那劳古村岑氏府邸占地 4 万多平方米，包括岑氏土司衙门、岑氏祠堂、宫保府、南阳书院、将军庙、思子楼、

图 3-50　那劳古村岑怀远将军庙远眺及内景。曾昌明摄于 2014 年 7 月。

牌坊、荣禄第、增寿亭等古建筑物。

宫保府系岑氏建筑群中规模最为宏大的建筑，因岑毓英在清同治十三年（1874）受封"太子少保"衔，简称"宫保"，于是家宅即称"宫保府"。它坐落于那劳寨中央，占地面积1347平方米。始建于清光绪二年（1876），光绪五年落成。原有大小8栋，逐步扩建到13栋。主体建筑有前门，前门两侧为八字墙，分前厅、正厅、后厅、两厢房、佛堂、两排陪房、院墙、南北两闸门和前门的照壁、马厩等。前厅正门上方悬挂"宫保府"正楷字体门匾，匾高1米，宽0.6米，红底黄字，匾框浮雕九条腾龙。正门门框雕刻对联"既缵世胄，启战门庭"。前厅两旁陈列着各种兵器，有大刀、长矛、火炮、火枪等数百件。其中一门双轮大炮和一管丈余长炮，1950年被过境匪军沉于驮娘江中；另一把重180斤的练功大刀，于1958年送交上级文物部门。前厅楼上为书房，展览各种字画、匾额和书籍。过前厅是15×10米的天井，地面用大块青砖铺设而成。天井和正厅两旁各有前、后两部分一列厢房。前部分作接待室，后部分为家丁居住。过正厅到后厅，后厅后部为神台，设香炉香案；后厅两侧各有厢房，为岑氏家眷居住。

岑怀远将军庙系为纪念南宋边将岑怀远而兴建的庙

图 3-51 那劳古村荣禄第，虽是高墙大院，仍有岭南干栏缩影。曾昌明摄于 2014 年 7 月。

宇。岑怀远，名世兴、南宋边将，功勋卓著，战功赫赫，是明朝上林长官司岑密的远祖，元朝元年（1264）加大将军衔。上林长官司岑氏土司府迁居那劳后建庙，与岑氏宗祠并列，居高临下，气势恢宏。岑毓英于清光绪元年（1875）重修，后扩建成四合院，内置神堂、两厢房和闸门，神堂占地 180 平方米。神堂堂匾甚为堂皇，廊檐左右走廊甚为宽敞，分别置一红色六柱木架，上署有钟、鼓各一，钟、鼓体面龙凤图案精美。

荣禄第坐西朝东，视野开阔，大门前可俯视驮娘江与西平河交汇处的大片良田。荣禄第是岑毓英四弟岑毓琦于光绪二十八年（1902）兴建的家宅。清廷曾经追封其父岑苍松为"荣禄大夫"，所建新宅故称"荣禄第"，当地

图 3-52 那劳古村岑氏虽系军旅世家，但极为注重用儒家思想教化子弟，书院是村中极好的建筑。曾昌明摄于 2014 年 7 月。

图 3-53 那劳古村思子楼豪华气派，深切寄托了父亲对爱子的无尽思念。曾昌明摄于 2014 年 7 月。

人称"宫保新府"。荣禄第占地面积 705 平方米，有大门、大厅、两厢房，后面隔着较高的一块地面又有一栋横排的"走马楼"，形成两进院子。其他还有岗楼和陪房、闸门、照壁、大门八字墙、围墙等。大门外有两只较小的石狮，闸门外有一只较大的石狮。

南阳书院是那劳岑氏族塾，是教学的地方。岑毓英初建于光绪二年（1876），光绪八年（1882）扩建。有院闸门、一厅、二厅、两厢房及一间厨房，前厅的前面檐出二滴水。后厅设孔座叫"圣堂"，孔座置岑毓英撰《岑氏祖训》座牌；前厅正面屏风写有正楷字体《岑氏族塾

图 3-54 毫无疑问，那劳古村中庄严气派的增寿亭蕴含了中华民族原始宗教情结，同时也寄托了那劳岑氏对于家族命运的遗憾与期盼。曾昌明摄于 2014 年 7 月。

笺》，红底黄字。前厅门外二滴水檐下对着《岑氏族塾笺》设"教训座"。据说，违反规矩的弟子被罚跪在"教训座"上，面对孔座，抬头可颂《岑氏族塾笺》。书院占地面积450平方米，曾遭受破坏，现已修复。

思子楼坐落于荣禄第西北方约30米处，岑毓琦于清代光绪三十四年（1908）为纪念夭折的长子岑景恒而建。楼区占地440平方米。楼体四方，上下三层，砖木瓦结构，底层置泥塑观音菩萨和佛像，摆设各式香案香炉，廊檐墙面绘有"竹林七贤"等图画，色彩艳丽；第二、第三层为木楼，木匾"思子楼"悬挂于第二层正中。楼外有围墙包围园区，园内种植花草果树，四季如春。传说，岑毓琦的长子岑景恒，6岁入"南阳书院"读书，勤学好问，聪敏过人，岑毓琦非常疼爱，只叹岑景恒未满16岁就夭折，岑毓琦痛失爱子，便建此楼以作纪念。

增寿亭是岑毓英二弟岑毓祥的三子岑增寿的身后纪念建筑物。建于光绪十年（1884），占地面积80平方米。属砖木瓦结构，亭作八角状，上下三层。底层为砖墙，墙内壁画有天上诸神画像及篆体书法，壁画旁边附对联"心是西方无量佛，寿如南极老人翁"。书画至今清晰可见；二、三层为木楼，顶层盖瓦。据说，那劳古村岑氏自认为族人寿短，需还愿消灾，故建造此亭。

图 3-55 那劳古村"孝子孝女"牌坊。许 晓 晨 摄 于 2014年10月。

岑氏宗祠始建于清光绪三十二年（1906），分前、后两院。后院四合，后厅为神堂，两厢房为岑氏历史事迹陈列室，前厅中间置大门，天井四角置花圃，中间方形石台上建六角形亭子，亭子上绘有飞鹤，因此而得名"鹤亭"。大门外宽阔的走廊两边伸出八字墙，墙上绘有两只大老虎。大门下建十二级台阶，台阶两边至八字墙基各有一片花圃，紧靠台阶两侧各植相互对称的两棵古老苦楝树。台阶向外延伸方形外院，院外对着大门有照壁，壁面绘有巨龙戏珠，十分堂皇。祠堂占地约 400 平方米。

岑氏内院占地 300 平方米，是那劳岑氏建筑群中最为古老的部分，为明代袭上林长官司始迁府第到那劳寨的岑密初建，位居全寨最高点。

在那劳岑氏古建筑群中，"孝子孝女"牌坊的建造最具艺术气息：从整体规模构思到微观布局雕刻，都达到了极高的艺术境界。在那劳老街往东的大路上原有一座"孝子坊"，建筑体比现存的孝子孝女坊高大，是清光绪二十九年（1903）清政府为旌表岑德固殉母的孝顺精神建造的。光绪二十八年（1902）七月，岑春煊的长子岑德固受父之命，自桂林护送其母刘氏到湖北求医。至汉口时刘氏病

图 3-56 那劳古村"孝子
孝女"牌坊。许
晓 最 摄于 2014
年 10 月。

重而逝，岑德固自责照料母亲不周有愧，后绝食而死，以表忠孝。岑德固以身殉母之举感动时人，湖北巡抚、两湖总督先后申报朝廷，请求旌表岑德固。光绪二十九年（1903），西林县知事奉旨拨银修建此坊。坊刻光绪皇帝御旨"岑德固以身殉母实属纯孝可见，著准旌表，并列入国史馆《孝友传》以彰至行。钦此。"两旁刻有清朝官员端方和张之洞的奏文、岑德固殉母事略和许多颂扬孝顺精神的诗文，以及坊柱刻有传统"二十四孝"图案浮雕。1971年修建田林县至西林公路时被民工拆毁。那劳村的"孝子孝女"牌坊不止一处，因为旧时岑氏子女婚嫁非常讲究门当户对，无合适者，宁终老闺中而不下嫁平民。岑府中此类人甚多，于是自家再立"孝子孝女"牌坊，以表彰岑门子女贞德。孝子孝女坊位于驮娘江北岸与那劳村遥遥相望的老街屯中央。清光绪三十四年（1908）岑毓祥和岑毓琦兄弟俩为纪念早逝的几个子女，借皇帝旌表岑德固之机，自出银两而建造。坊长9米，高10米，厚2.5米，全用青石条精砌筑成。正上方石匾刻"奉旨旌表孝子岑德固、岑景恒、岑增寿，孝女岑寿姑、岑惠仙、岑珠姑、岑菊仙"，正中央刻"孝子孝女坊"，两边还有"天柱地维""忠孝贞洁"等赞扬孝顺的言辞。坊体浮雕艺术形象、名人诗词图文并茂。下有三个拱门供人穿行。拱门柱基是方形青石墩，

石墩正面有一滚戏大鼓的石幼狮

传说当年岑氏族人极为崇信堪舆之学，一代代地请地理先生四处转悠，踏勘所谓的龙脉气象、山势水向、吉祥名兆，为逝者卜居。那劳村岑氏先人迁居于此，是否深受堪舆玄学影响，不得而知。但那劳村依山傍水，视野开阔，山峦左右遮拦，即便从现代生态美学的视域考察，也堪称怡人之所。

第五节　灵山大芦古村

灵山县佛子镇大芦村位于县城的东北，距县城 8 千米。古村依山傍水，湖塘交错，宅院相望。全村现今居住着以劳姓人家为主和其余 13 个姓氏共约 5000 口人。其中的劳氏古宅共有 9 个群落、15 个大型宅院，分别建于明、清两代，明、清岭南建筑风格基本保持完好。至清朝末年，人口总数不足 800 的大芦村劳氏家族，拥有良田千顷，培育出县、府儒学和国子监文武生员 102 人，47人出仕做官，78 人次获得明、清两代王朝封赠。古村至今藏有明、清两代流传下来的楹联 300 多副，系"中国

图 3-57　大芦古村大气而古朴，现代气息与传统文化交融。曾昌明摄于 2014 年 7 月。

历史文化名村""广西楹联第一村"。

　　大芦村所在地依山临河，原是芦荻丛生的荒芜之地。明代初期劳氏先人在这里垦荒开发，人烟逐渐稠密。到 17 世纪中期，这里已经聚集起 15 个姓氏的人家，成为多族和睦相处的富庶之乡。村民开塘为湖，堆土成皋，成片的古宅就建筑在湖泊之间的陆地上。灵山县乡民有一个风俗：每当家中添丁，必定在房前屋后的空地上，或者在别处开垦一片新土，栽种几株荔枝树。喜得男丁的大芦村民则往往开掘低洼塘地，用塘泥堆出一方平地，然后郑重地栽上数株荔枝苗。斗转星移，年复一年大芦村便成了荔枝林的海洋。清朝嘉庆八年（1804），一位叫吴必启

图 3-58　大芦古村是一个典型的水乡，湖光山影与古村建筑相映成趣，灵动中充满恬静。曾昌明摄于 2014 年 7 月。

图 3-59　大芦古村祠堂虽然满身沧桑，但鲜红的楹联告诉人们，古村还是烟火旺盛，传统文化底蕴深厚。曾昌明摄于 2014 年 7 月。

的横州诗人到大芦村访友，正好是荔枝成熟时节的傍晚时分。他被眼前的绚丽景象深深打动，欣然命笔："宅绕青溪耸秀峰，松林鹤友晚烟笼。小楼掩路斜阳外，半亩方塘荔映红。"大芦村有湖泊六面，错杂在林荫屋舍之间。因此，整个大芦村水环湖绕，绿树古宅与湖面相映成趣，湖岸鸡犬之声相闻，里巷童叟之语盈耳，构成了人文与自然相融相生的生态和谐局面。

传说，大芦村劳氏族人、三达堂主人劳宏道酷信风水玄学，认为三达堂的选址和建构略有不

图 3-60 大芦古村的民居，沉稳之中体现出传统文化的厚重。曾昌明摄于 2014 年 7 月。

足，总想设法补救，于是于清朝康熙二十三年（1684）在三达堂古宅西侧栽种上两棵香樟树，在村后栽种七棵大毕木以成北斗七星布局。劳宏道认为，种植这几棵樟树和毕木，除了以毕木来弥补"背后靠山"不足之外，其中还隐含了一种"笔（毕木）墨（村前池塘）文章（樟树）"的蕴意。但如今，这些古树大的要十几个，小的要五六个成年人才能合抱，而且仍然长得枝繁叶茂，生机盎然，为大芦村平添了莫大的韵味。

大芦村从开基到鼎盛，其民居虽然没有既定的统一规划图来设置建筑秩序，但村民数百年来却自觉或者从客观效果上体现自然与审美有机融合的居所建构规律。建筑时期开始于明朝嘉靖二十五年（1546）到清朝道光六年（1826），逐步完成的劳氏9个群落15个大型院落古宅，无不依山就水，既错落有致，又秩序井然。各个古宅群落或院落都有通俗而古朴的名称，例如樟木屋、杉木园、丹竹园、沙梨园、荔枝园、茶园、陈卓园、榕树塘、水井塘、牛路塘等；也有文化底蕴深厚的命名，例如镬耳楼、三达堂、东园别墅、双庆堂、蟠龙堂、东明堂、陈卓园、富春园。这些名称实际上反映出这些群落或院落的

图 3-61 大芦古村规划之周密，布局之严谨，古建筑造型之独特，保持之完好，游人无不为之惊叹。曾昌明摄于 2014 年 7 月。

图 3-62　庭院宽敞，小巷幽深，屋宇勾连也是大芦古村一景。曾昌明摄于 2014 年 7 月。

一段历史，也昭示大芦村曾走过的由质朴向文雅升华的
一段路程。

　　大芦村有一与劳氏先贤劳弦相关的风俗：农
历七月十四日食茹瓜粥。据大芦古村《先贤传略》
记载：劳弦，字贞观，号仁山，大芦村劳氏四世
祖，自幼聪慧，以文章名于当世。明朝崇祯九年
（1636）拔贡，考授内阁中书舍人，升任北京兵
部职方司主政，官拜三品。崇祯十六年（1643），
劳弦致仕回归故里，农历七月十四日乘小舟途径
洞庭湖。不料行舟至湖中，突然风雨大作，惊涛
骤起，水天莫辨。劳弦默念祖宗积德，祈祷福佑。
有顷，风平浪静，转危为安。劳弦急于致谢。然
而舟中唯有茹瓜、大米。劳弦只好凑合着熬两碗
茹瓜粥拜谢神灵。劳弦回到大芦，热心公益，乐
善好施，并参与撰修县志。此后，大芦村于农历
七月十三日以三牲祭祀祖先，七月十四日食茹瓜
粥，遂成定俗，至今未易。

　　大芦村既因其保存较为完好的古建筑闻名于世，更由
于与古建筑相互辉映的楹联而引人驻足。大芦村现保存

图 3-63 年代久远、寓意深邃、数量繁多、保存完好的楹联，更是大芦古村骄人的文化精品。曾昌明摄于2014年7月。

有305副古对联，对联内容以修身、持家、创业、报国等为主。中国楹联的丰富内涵和高远的境界，在大芦村得到精妙的诠释。创作于明朝嘉靖年间的两副楹联："惜衣惜食，不但惜财兼惜福；求名求利，须知求己胜求人"、"读书好，耕田好，识好便好；创业难，守成难，知难不难"，充满了耕读之家对世事人情的参悟；清朝雍正年间创作的"克尽兴邦责，忠全爱国心"、嘉庆年间创作的"有典有则，是训是行"和道光年间创作的"文章报国，孝弟传家"等对联，从为人处世大境界着墨，是责己励人的至理名言；清朝乾隆年间著名文学家、翰林马敏昌的题赠联"积善之家必有馀庆，资富能训惟以永年"，既是对古宅主人的褒奖，同时也是对家族发展规律的高度概括，更是对世人处事态度的高度期待。直到今天，大芦人仍然热衷于书写和粘贴对联，对联的内容更多了一些时代特征。尽管经过漫长的发展时期，大芦村无论是在观念方面还是在具体建村措施方面，从形式到内容逐步实现了由"质"到"文"的蜕变，并且取得了相应的成果。毋庸讳言，以大芦村积聚的财力，以及该村在历史上留下的文化成果，不能不让人有些许遗憾。到清末，总人口约 800 的大芦村劳氏家族，已经富甲一方，拥有良田千顷，其田地界东至浦北县寨圩，西达灵山的陆屋，南到灵山的武利，北及横县的百合，劳氏人无不骄傲地说："马跑百里不吃别家草，人行百里还见自家田。"但在科举场上，大芦村劳氏似未有与其丰厚家产相称的表现，尽管科场表现优劣仅仅是衡量村寨文化水平的标准之一。

第四章

古镇揽胜

第一节 兴安古镇

溯湘江而上，到五岭中的越城岭和都庞岭之间的一条狭长谷地，有一个离湘江江面五六米高的山隘。山隘北面是浩荡曲折的湘江，山隘由南而西是一条约 25 千米长的平坦峡谷走廊。峡谷的尽头便是漓江。山隘裹挟着众多的土丘，形成一块看似平坦、实则高耸的台地。坐落于台地之上的，便是兴安古镇。五岭中的越城岭与都庞岭之间有

图 4-1 坐落于兴安镇中心的天韵阁，寄托着古镇人们千百年来歌舞升平的期盼。摄于 2014 年 8 月。

许多低矮的隘口,由此形成众多经湘入桂的南北走廊。而途经兴安的这条通道,应该是最重要的湘桂走廊。自秦代至20世纪30年代末期,湘桂铁路北段筑成,这一条湘桂走廊依赖灵渠水运,2000多年以来一直是湘桂交通的大动脉。今天,湘桂高速铁路、湘桂高速公路均紧贴兴安镇西边通过。兴安镇自古以来为军事要地,号称"兴安高万丈,水往两头流",至今在军事上仍然是扼守湘桂走廊的最险要锁钥,系中国十大魅力古镇之一。

兴安镇系兴安县治所在地,具有极为悠久的历史,是广西最为古老的名镇之一。春秋战国时期,今兴安县境属楚国的疆土,秦代时期属长沙郡零陵县。县城始建于唐武德四年(621),原城址在今城台岭上(今城台岭上有兴安中学、兴安二中、兴安县党校及兴安师范学校等),明朝景泰年间(1450~1456)西迁500米至岳王台和凤凰岭。初筑土城,明成化十五年(1479)改筑砖城。清朝雍正八年(1730)重修。城墙高4.66米,厚3.33米,周长1.7千米。城墙垛口992处,城门3处,东为朝宗门,南为振武门,西为向化门。灵渠环古城东北而过,城内有县署、教谕署、训导署、典史署、城守署、文庙、漓江书院、试院等机构。清朝至民国初期,城内设东街、西街、南街;城外有上水门、中水关、下水门、北大街。古

图 4-2 古镇因灵渠而成，古镇人与灵渠朝夕相伴。摄于 2009 年 10 月。

图 4-3 兴安镇城台岭古城遗址上的百米浮雕。摄于 2014 年 8 月。

图4-4 兴安镇北街里浅窄的街道，隐匿着明清时期的风韵。摄于2009年10月。

镇边缘有一街道曰"北街里"，因位处灵渠北岸而得名。其形制与建筑基本上保持着数百年前的风貌，当为旧时城乡接合处。据里巷老人口传，北街里汇聚城乡百物，乡民担货于此，街贩引车叫卖，商家门前设市，曾经是20世纪30年代兴安古镇最为繁华的地方。

史称秦始皇平定岭南百越以后，留五军戍守五岭，其中"一军塞镡城之岭"。这一支军队的驻地为当今兴安古镇西南灵渠入漓江河口处。此地三江汇流，大溶江、小溶江、灵河三条大川汇聚而成漓江，地势险峻，是南北交通孔道。漓江由此而下约70里即为桂林。在河口交汇处不

图4-5　位于兴安镇西南故秦城内城遗址。昔日兵戈铁马之处，当今已成瓜果飘香之园。摄于2014年8月。

图4-6　秦城遗址上的城墙，现今是一人来高的残垣。摄于2014年8月。

足 5 平方千米的区域，秦军筑城池 4 座，每座城相距不足三里。其中一座保存极为完好的城池遗址位于距灵渠出口处约七里，在"七里圩"村西边，邻近大溶江东岸，为一长方形土城，南北长 252 米，东西宽 176 米，四周城墙完整。分内、外城，中隔 10 米多宽城壕，内城墙残高 4 米多，厚约 8 米，外城埂残厚约 1 米，城内正中尚有一方形台地，高出地面 1 米，系城内重要建筑遗址。此城俗称王城。由城墙厚度及其双层结构可推知，该城应该十分高大而坚固。秦时所筑城池，直到唐代光化年间仍然有驻军防守。此外，唐代黄巢攻取岭南以后，为顺湘江北上做准备，在靠近灵渠出口的漓江河岸筑一城池，长 300 米、宽 200 米，依山控水。灵渠修成，湘、漓水道沟通以后，控制了这条水道，就控制了最重要的湘桂走廊，而兴安古镇恰好位于这条黄金水道的制高点。兴安城西还有一重要隘口，隘口上设一关名曰"严关"。隘口所在之地群山连绵，巍峨峭拔。其中有狮子山与凤凰山迎面对峙，险不可攀，中间仅一线可通，筑有以大青石砌成的城垣一道，长 43.2 米、高 5.3 米、厚 8.23 米。关门居中，西南向，宽 2.9 米、高 3.79 米，分前、后两重，中间露顶。关上有关楼，为兴安古镇西南咽喉要地。历来传说，从北而南，得严关者可得西粤。由水、陆两路的重要性可见，兴安古镇在旧时的军事地位极为重要。

图 4-7　兴安镇西面的严关地势及保存较为安好的关门。关门东边险峰上有一阁楼。
　　　　摄于 2014 年 8 月。

2002 年 6 月版《兴安县志》记载，严关的建筑年代，有两种说法：一说建于秦始皇三十三年（公元前 214 年）戌五岭时，宋代人周去非的《岭外代答》及乾隆版《兴安县志》都主此说；一说建于汉代，系汉归义侯越严出零陵，下漓水，定越建功，《方舆纪要》主此说。严关地势险要，自古以来为兵家必争之地。宋景炎元年（1276），元将阿里海牙谋取广西，马暨率兵约 3000 人守严关。元军久攻不下，乃以偏师由恭城瑶族自治县东北的龙虎关入平乐，转攻桂林。马暨乃退守桂林城，苦战 3 个月，终不投降，城破。明末瞿式耜抗击清兵，也在严关进行过激烈战斗。清初，南明大将李定国自衡阳回师，在严关大败清兵，一鼓攻下桂林，清定南王孔有德自焚。明朝时的严关，徐霞客在《粤西游记》中说："予先西趋严关，共二里而出隘口。东西两石山骈峙，路出其下，若门中辟，傍裂穴如圭，梯崖入其中，不甚敞，空合如莲瓣。坐观行旅，纷纷沓沓。"可见关隘的险峻与行旅的纷纭。严关曾多次维修。明崇祯十一年（1638），曾修关墙，清乾隆四年（1739），重修关楼。咸丰元年（1851），维修关墙和关楼。1965 年，对墙和券洞进行过维修。关内外有小街道，居民 400 多人，名严关口村。有民间传说，因严关口村处于湘桂走廊古道咽喉，常遭兵灾、战祸，村民生计不易，封建时期特免赋税。此说真假与否，已经难以考证。关西 1 千米外，尚有小严关遗址，遗堞尚存。严关保存有宋以来的摩崖石刻 17 方。古严关于 1963 年 2 月 26 日被列为广西壮族自治区重点文物保护单位。

兴安镇是桂北著名的人文荟萃之乡。因其地理位置的独特、山川风物的壮丽以及历史的久远，往来于湘桂之间的迁客骚人、仕宦商旅、缙绅学子等，往往驻足兴安，寄兴遣怀。兴安镇多处留有先贤胜迹。秦代史禄，汉代马援，唐代柳宗元、李渤、鱼孟威，宋代范成大，明代孔镛，清代陈凤楼，现代郭沫若、翦伯赞、黄云、罗立斌诸公，或行政于斯，或代同僚为记，或借机抒怀，均留下了骄人的政绩或墨宝。另外，还有历朝文士墨客咏怀兴安古迹、叹服兴安胜景的佳作，更是难以计数。兴安镇东灵渠两岸有四贤祠、三将军墓及众多石刻，显示出兴安镇悠远而浩荡的文脉，以及兴安人追远抚今的淳厚情怀。

图 4-8 四贤祠中，供奉有史禄、马援、李渤、鱼孟威的塑像。2014 年 8 月摄于兴安镇灵渠畔。

图 4-9 郭沫若所作《满江红》词碑。2014 年 8 月摄于兴安镇灵渠畔。

分水亭晚眺

（清）查礼

粼粼亭下二江分，独立苍茫对夕昏。

忙杀连朝青白眼，看山看水看飞云。

由桂林溯漓江至兴安

（清） 袁枚

江到兴安水最清，青山簇簇水中生。

分明看见青山顶，船在青山顶上行。

图 4-10　民间传说，三将军墓中当是筑渠所亡兵民骨骸。2014 年 8 月摄于兴安
镇灵渠畔。

图4-11 兴安镇灵渠入水口处的"人"字形水坝,人称大小天平。摄于2014年8月。

渡头唱晚

（民国）彭榕

渡头风景晚来佳，夕影炊烟画不差。

犹有鱼排三五起，一歌一答唱还家。

游灵渠

翦伯赞

一统中原迈禹汤，雄才今日识始皇。

帆樯北持湖湘蜀，楼橹南通岭海航。

死去三君真典范，飞来一石太荒唐。

灵渠胜似银河水，流入人间灌稻粱。

图4-12 灵渠畔飞来石上的崖刻。摄于2014年8月。

　　兴安镇周边虽然有点灯山、乳洞岩、古零陵县遗址、汉代古窑遗址等，但最为著名的当数灵渠。兴安的山水孕育了灵渠，灵渠清流两千多年来时时拂拭着兴安，两者相得益彰。因此，世人一提起兴安便联想到灵渠，一说到灵渠便离不开兴安。兴安古镇与灵渠互为代名词。

　　《兴安县志》记载，灵渠，又名湘桂运河、兴安运河、陡河，是中国古代著名水利工程之一，在广西兴安县境内。秦始皇为统一岭南，命史禄于秦始皇二十八年至三十三年（公元前 219～214 年）修建灵渠。沟通湘、漓二水，联系长江与珠江两大水系，长 36.4 千米。历代屡有修建。初名秦凿渠，后因漓水上游为零水，亦曾称零渠、澪渠，唐以后改今名。主要设施是在湘江中以长方形料石叠砌成铧嘴状分水工程，后接左右延伸的人字形大小天平，把湘江水分成南、北二渠分别注入漓江和湘江，因而有"三分漓水七分湘"之说。在渠道水浅流急处筑陡门，提高水位，使船只通行。唐有陡门十八，宋为

图 4-13　1941 年 8 月，蒋介石偕夫人宋美龄游兴安。建亭一座，名美玲亭。摄于 2014 年 8 月。

三十六，清为三十二。堤上四贤祠、飞来石有许多唐、宋以来题词碑刻，渠岸有三将军墓，渠上有万里桥、沧浪桥、接龙桥、粟家桥、三里桥等名胜古迹。灵渠的修建，促进了中原与岭南的经济文化交流。新中国成立前年久失修，堤坝崩塌，渠道淤塞。新中国成立后经多次修建，现已成为兴安农田灌溉重要河道和风景名胜点。1988 年 1 月，国务院批准为全国重点文物保护单位。

灵渠环绕县城兴安镇一段，俗称水街，旧时分上水门、中水关、下水门，原为兴安镇精华所在。经 21 世纪

图 4-14　相传灵渠上此桥为一粟姓人捐资所建，故名"粟家桥"。摄于 2014 年 8 月。

图 4-15　此桥横跨灵渠南渠，形态壮美，建构精巧，融亭台与桥梁为一体。传说原桥建于汉代，而此处至都城长安约一万里，故名"万里桥"。摄于 2014 年 8 月。

初期的大规模修整后，仿佛汉、唐时期的繁华再现：一带清流穿城而过，两岸民居古色古香。曲柳蔽渠，修竹迎风；叟妪闲话，童稚嬉戏，这些都似乎将昔日的兵威战尘掩盖得严严实实。清朝光绪年间，灵渠再一次大修，功成，时任兴安知县陈凤楼作记，记中有辞："赫赫灵渠，其流汤汤。经楚络粤，导源海阳。谁与开通，史马滥觞。金堤映日，玉陛凌霜。二江双带，遂分漓湘。控清引浊，舳舻相望。决渠降雨，滋液农桑。垂曜亿龄，功绩伟煌。锡兹美利，民悦无疆。秦汉而后，迄于我皇……"文辞壮美贴切，尽显兴安灵渠的气势与功用。

灵渠之南渠绕兴安镇一段有众多桥梁，几乎每一座桥都有一个故事。

兴安县灵渠北岸，有一座叫马嘶桥的石桥，这座石桥有一段生动的故事。汉朝伏波将军马援有一匹千里驹。这马随他东征西讨，立了不少战功。因此，马援常在人前称赞："宁折一虎将，莫失千里驹。"

这年，马援南征取道兴安，驻扎在城台岭下，由于山路崎岖，河道淤塞，粮草接济不上。一天早上，马援骑千里驹到各营巡查。这马走到双女溪的桥边却不肯过桥，只是仰天嘶叫。马援无奈，只好牵马涉水过去。中午，马援巡查返回，马又不肯过桥，仍旧仰天嘶叫。马援不觉大怒，举鞭要打。忽听得桥那边有人大声喊道："将军莫打，好马！好马！"

马援见桥头走来一位老者。老者知道他是马援后说道："朝廷年年从这里运走了千匹帛，万担谷，只知取之于民，并非用之于民。马将军你看这石桥年久失修，河道淤塞，随时都有桥塌人跌的危险，你骑在马上，怎么会觉察出来！将军的马是良驹知民情啊！"

马援非常羞愧，便要掌粮官拨粮修桥。掌粮官说军粮不济，请马援另想办法。马援在帐中冥思苦想，终于决定卖马修桥。便要马夫王二把千里驹插上草标，牵到街市上去卖。马援卖千里驹修桥深深地感动了那个老者，老者对王二说："这马是将军的坐骑，不能卖。你背上钱袋跟我到街上走一圈。"说罢，将马牵上，往街上走去。

到了街上，老者大喊道："伏波将军卖马修桥，各位行行好，募捐几文。"大街上的人很多，听老者这么一喊，大家你几文，我几文纷纷把钱

图4-16 穿城而过的灵渠南渠两岸黄柳交织，建筑古色古香，商旅游客穿梭往来。摄于2014年8月。

往王二钱袋里丢。不到几天，就筹足了修桥的钱。

此后，马援不但重修了石桥，还疏通了灵渠。人们为了纪念他和他的千里驹，便把这座桥叫马嘶桥。

兴安城西四里许，蜿蜒的灵渠岸边有一丛山，曰"点灯山"。有犀利佛眼，看出点灯山的妙处，直言："粤西佛家胜境，首在兴安点灯山，其次浔州西山。"浔州即今桂平市。点灯山初看极为平淡无奇，然而其北境有一坳口。登坳俯瞰，不大的区域内群峰错落有致，沟壑网织，峰峦如万马闲息，其内涵正如佛家精义，表面上看起来声色少露，走进去方知奥妙无穷。坊间也有个传说。

点灯山上有座金峰殿。以前，这座古寺里有个和尚，叫金峰老人，他精通诗书，是远近闻名的"出家才子"。慕名拜师求教的很多，都被他回绝了。

金峰老人97岁寿日时，门外突然来了个姓陶的处士，双手捧着一炷燃着的清香，叩门求见。金峰老人问来者何事，陶处士说："我是江南一穷书生，年少无才，这次慕名投师，望尊师收我做个弟子。"

　　金峰老人静思片刻说道："这金峰是个无水之地，山上虽有一口小泉，每天只能积水一瓢，还不够一人饮用。你来求学，确有难处，我看你还是另投他处吧！"

　　陶处士听罢，连忙答道："尊师，小生远离故土，前来投师，只渴求于学，并非乞讨于食，只要能学到东西，造福于世，就是无米下肚，无水入喉，我也甘愿忍受。"

　　金峰老人听罢，心中暗喜，闭目道："你虽有诚心，还须恒心。我分你半瓢泉，你试读几日再说。"陶处士听了，连忙跪谢。

　　这时正值六月酷暑，口干似火。陶处士把老人赠送的半瓢水，舀出小半盅润喉止渴，余下的又悄悄地倒回"一瓢泉"内，留给尊师。金峰老人心里自然清楚。

　　一天，金峰老人对陶处士说："从今日起，你每日给我翻晒诗书一次，不可中断。"陶处士心里明白，当即答应。金峰老人所集诗书甚多，都珍藏在"藏书洞"内。寺里有一块平展展的天然石台，名叫"晒书台"，离洞仅百步远。陶处士每翻晒一册，就习书一遍，从未间断。洞内万卷藏书，卷卷读过。

金峰老人百岁寿日，把陶处士唤到殿前，对他说："你三年来苦读勤学，虽已成才，但不可中断啊！"

"恩师之言，弟子一定铭记在心。"

花开花落，转瞬又是三春，金峰老人寿终正寝。临终前，拿出一对红烛，对陶处士说："这对百年红烛，我珍藏多年。今日相赠于你，伴你日学夜读，苦攀高山。"陶处士接过红烛，双膝跪在老人床前，悲泣不已。

此后，金峰殿里的红烛，夜夜不熄。灵渠来往的行船把它当作航灯。据说这闪闪的光亮，还能照到京城呢！

天长日久，人们把这金峰殿的所在地叫作点灯山。后人还在山上修了一座亭子，叫"陶亭"。

第二节　大圩古镇

大圩古镇位于桂林市东南 18 千米处，距灵川县城 30 千米，地处漓江中游，在漓江北岸由西向东沿江而建。古

图4-17 大圩古镇所临的一段漓江，江阔水深，水流平缓，利于舟楫；江岸高悬，无水患之害；江岸至山脚，地势平坦，便于街市拓展和客商往来栖息。摄于2014年8月。

镇有石家渡、毛洲渡、竹江渡三个主要渡口。大圩的行政归属在灵川、临桂两县之间多次变动，今属于灵川县管辖。大圩古镇北通湘、赣，南达梧、穗，为桂林东郊商品集散地。曾名长安市、芦田市，通称大圩。汉代已形成小居民点，北宋时则为商业繁华集镇，明朝时为广西四大古镇之一。其商业初兴于宋，曾设官税；大兴于明，清光绪三十一年（1905）《临桂县志》称为"水陆码头"，抗日时期有"小桂林"之称，赶圩人数高达万余人，泊船多达二三百艘。地方商业文化积淀深厚，特色鲜明。明清时，大圩已是南、北商贾云集之地，各种商行应有尽有，明初解缙诗曰："大圩江上芦田市，百尺清潭万竹围。柳

图 4-18　大圩古镇一角。摄于 2014 年 8 月。

图 4-19　大圩古镇一角。
摄于 2014 年 8 月。

店积薪晨昏后，壮人荷叶裹盐归。"这里江阔水深，奇峰岸列，竹柳叠翠，店铺井然，商贾如云。定居的外地客商多在大圩建有会馆，有名的如广东、湖南、江西会馆及清真寺等。到民国初期，大圩已形成八条大街，亦即老圩街、地灵街、隆安街、兴隆街、塘坊街、鼓楼街、泗瀛街、建设街；沿江还建成十多个码头，有"逆水行舟上桂林，落帆顺流下广东"之说。铺面商号有"四大家""八中家""二十四小家"之称，尽显昔日大圩古镇的繁荣状况。沿江约 2 千米的老街多用青石板铺设路面，至今基本保持当年的格局和风貌。很多的建筑保存较好，如江西

图 4-20 大圩古镇传统建筑有许多仍然保持完好。摄于 2014 年 8 月。

图 4-21　大圩古镇街道布局风格虽然大休统一，但不同风格的街门却分割了不同街区。摄于 2014 年 8 月。

会馆、湖南会馆、高祖庙、清真寺、祠堂、廖宅（东方街 47 号）、黄宅（民主街 28 号）、李宅（民主街 37 号）等。民居有二进、三进的深宅大院。长约 1 千米的青石板街、河卵石拼花的道路依旧古香古色。街区之间的隔火墙，沿街骑楼，可拆卸的木结构铺面等，使沿街的古风依旧。此外，镇内还有许多名人的活动遗迹，当年孙中山北伐时（1921 年 12 月 4 日），到桂林设立大本营，就是在大圩塘坊码头起岸，并在江边扎台发表演说。灵川最早的中共组织——中共桂林东乡区委员会和中共毛村支部就是 1928 年 8 月在大圩建立的。毛洲磨盘山下还有清末抗法、抗日名将，台湾巡抚唐景崧的墓地。镇内有万寿桥，始建于明朝，重建于清朝光绪二十五年（1899），单拱石桥，位于马河与漓江汇合处，桥体稳健古朴，为县重点保护文物。

很长时间，桂林经柳州至南宁的陆路交通时有阻隔，桂林至柳州、南宁以及左右两江州、峒地区，商旅往往要顺漓江东下，取道梧州，再逆水上行至柳州、南宁以及两江州、峒等处。故此，大圩则是这条黄金水道中的重要歇息之地。此种状况直到后来的湘桂铁路、桂柳公路及邕柳公路修通，才获得根本改变。再到后来，桂林至梧州公路修成，大多数货运和客运多走陆路而少走水路，大圩的商业地位才不复往昔。即便今天仍然有货船、客船途经大圩，但机动船舶行动迅疾，不需在大圩歇息补给，大圩古镇也大多成为船客过眼即逝的风景。而在古镇上流连穿梭的，多为寻找旧时繁华印痕的文化旅人，大圩逐渐失去了原来极为浓厚的商贸气息。与布满沿江码头的大圩镇古街区相距约 1 千米的大圩新街，夹公路而建，现成为该镇的政治、经济和交通中心。

大圩古镇有着得天独厚的地理条件：漓江在大圩附近连纳几条大河以后，水量剧增，江面平阔，一般船舶

图 4-22　尽管桥面已磨蚀得凹凸不平，但大圩万寿桥仍然保持数百年前的英姿。
　　　　　摄于 2014 年 8 月。

图 4-23　大圩古镇商铺的传统建筑风格喻示大圩不仅具有浓郁的商业气息，更有着深厚的文化底蕴。摄于 2014 年 8 月。

图 4-24　狭窄悠长的巷道，连同青条石一起，记录着大圩古镇数百年的沧桑。摄于 2014 年 8 月。

运行几无阻隔。由大圩码头至旧时桂林的水东门不到 20 千米，逆水舟行当为一日航程。因此，由梧州上行的船只，一般得在大圩歇息一晚，方能平安通过大圩至桂林水浅、滩多、流急的漓江河段，到达桂林。大圩古镇的漓江上游约 5 千米处有一江，名"相思江"，其实是开凿于唐代武则天长寿元年（692）的古桂柳运河。古桂柳运河为中原与西南往来的重要通道，是连接漓江、柳江水系的重要人工运河。此条运河开通以后，由桂林至柳州、河池乃至黔东南各地，皆极为便捷安全。而处古桂柳运河出入口的大圩，无疑更添一独特地利，其于经贸方面的发展增加了更多的优势。由大圩往北经海洋堡可直通兴安灵渠，斜出一道山行可达全州南部湘江岸边。宋、明时期，由大圩经海洋堡达兴安和全州南部的山道皆为军事必争之地，海洋堡及当今全州县境南部的安和乡一带，均有重兵屯守。此兵道亦为一重要商道。当灵渠水运因自然或人为阻隔，这一条古商道便成为沟通湘桂物流的干道。

　　大圩古镇以工商兴市，而且为沿江大埠，码头密布。大圩古镇沿漓江河岸一字排开，共有 13 个码头，比旧时的桂林码头还多 5 个，可以想见当时商旅的繁忙与市面的繁华。这些码头是寿隆寺码头、更鼓楼码头、清真寺码头、社公码头、石鸡码头、大码头、渡船码头、狮子码头、塘坊码头、五福码头、秦聚利码头、鼓楼码头、卖米码头。码头或用料石镶砌，或依岸边礁石筑成。它们长约10余米，宽约3米，古朴秀美。码头一端有石砌阶梯巷道与街区主道相通，巷道两侧高墙夹峙，悠远深邃。

大圩古镇瀛泗街有一家专门经营米面生意的小型商家曰"万元面坊"，店主姓刘，由于生意红火，身家殷富，号称"刘万元"。该店铺前当街道，后傍漓江，建于清代初期，已有280余年历史，在大圩镇以及周边地区颇有名气。店屋旧时原有格局未变，至今铺面、柜台保持完整。店铺占地180余平方米，屋高二层，一楼一底，砖木结构，前后两进。前部分为铺面，设有柜房、粮囤、待客厅；后为内室，为店主及家属起居之用；中间有一天井，可增强店铺前、后两进通风透光作用；两侧为厢房，做伙计起居及备陈杂物。柜台箱形结构，高约比肩，在清末民初应该算较为气派。

大圩古镇还跟清末名宦唐景崧有些关系。唐景崧，桂林灌阳县人，少时随父迁居桂林，由进士而至翰林，经抗法战争声名鹊起，最后主政台湾。甲午战争中国战败、宝岛台湾沦陷之后，唐景崧黯然回到桂林，定居桂林榕湖畔的五美塘，办学授课，率领一拨伶人过起梨园生活，成为桂剧祖师。1903 年 3 月 2 日，唐景崧在广州逝世后，及时运回桂林私邸五美堂别墅，设置灵堂，很多亲戚朋友和政府官员前去哀悼、送别。唐景崧葬于大圩镇敢兴村江洲磨盘山。唐景崧长眠的那个

图 4-25　不看街道建筑的灰墙绿瓦，仅仅就这一面金字招牌，就让人联想到大圩当年的喧闹与繁华。摄于 2014 年 8 月。

图 4-26　高悬的灯笼，冷清的街景，留给游人的印象是：大圩古镇既在回味已经逐渐远去的繁华，又想挽住历史的脚步。摄于 2014 年 8 月。

地方，风景非常优美。唐景崧坟墓原貌如何？据当地村民回忆，唐坟墓直径约一丈五尺，高及人胸，外侧全部用上等青石包砌。墓碑高约六尺，宽达三尺，碑顶呈弧形。墓冢之外设有墓围，亦用条石砌成。墓穴与墓围之间设有宽五六尺的走道，皆用条石铺底。墓石选材讲究，精雕细琢，充分显示唐陵的气派。20 世纪 70 年代，当地兴修水利需要条石，唐景崧坟墓现成的条石正好派上用场，唐墓遂被毁。现在的唐景崧墓系 21 世纪初重修。

图 4-27　悠长的街道，青灰的条石，紧凑的商铺，透露着数百年前的风韵。摄于 2014 年 8 月。

第三节　百寿古镇

　　永福县百寿镇地处西北部天平山腹地，该镇东为天平山山脉大崇山支脉，西是天平山山脉大雾山支脉，西部、西北部与融安县交界处，以大雾山为最高，海拔 1291.6 米。百寿镇地势四周高，中间低，为河谷盆地。境内主要河流是百寿河。百寿古镇东与桃城乡和龙江乡交界，南邻永安乡和三皇乡，西接融安县大坡乡和泗顶乡，北靠龙江乡和融安县雅瑶乡。南北长 29.3 千米，东西宽 24.5 千米，面积 399 平方千米。百寿古镇又俗称百寿圩、寿城，是永福县西部的政治、经济和交通中心，有公路与其西边的融安县相通，位于永福、阳朔、桂林等地西达融安、融水，以及河池诸县市的要道。

历史上的百寿古镇不仅是一个镇，还曾经是古县、古田县、永宁州、永宁县、古化县、百寿县治所。因此，百寿古镇成镇的历史可以上溯至唐代乾宁二年（895）。1952 年 8 月，百寿县与永福县合并，百寿镇属永福县。百寿镇能够成为古镇的重要标志，在于仍然矗立于百寿

图 4-28　深藏于桂北群山中的永宁州古城如小家碧玉。摄于 2014 年 8 月。

河西岸的永宁州古城，以及古镇周边的人文胜迹。

曾有人说永宁州古城是江南城墙保存最好的州城，位于百寿镇的北端，与百寿岩隔河相望。永宁州古城始建于明代成化十三年（1477），至今已经历500多年的风风雨雨。古城最先为土城，城墙周长约1000米，高5米，厚2米多。成化十八年（1482），改砌为石城；隆庆六年（1572），古城往西被扩宽80余米，建城门四座，东曰"东兴门"，南系"镇宁门"（又名"永镇门"），西称"安定门"，北为"迎恩门"。百寿镇周边民风强悍，时有事变；加之该地偏居一隅，交通艰险。形势危急则外地救援须臾难至，唯有长时间守城待援。于是不断加固城墙。万

图4-29　永宁州古城墙基本保持完好，尤其东、南两面未遭大的损毁。摄于2014年8月。

图 4-30 永宁州古城紧邻百寿河渡口，名"义渡"，城墙上镌小字曰"来往客商渡夫不得收钱 同治癸丑年季春月立"。城墙与小字都显露出古城的质朴与淳厚。 摄于 2014 年 8 月。

图 4-31 永宁州城南门"永镇门"城楼虽有些斑驳，但仍显出当年的威仪。摄于 2014 年 8 月。

图 4-32　永宁州城西门"安定门"虽容颜宛在，但门内民户伴随的是幽静与清闲，数十年来商业气息荡然无存。摄于 2014 年 8 月。

历三年（1575），城墙增高 1.3 米，加厚 0.6 米；万历八年（1580），古城往北又扩展 100 米，城墙周长扩建为 1277 米，高 6.33 米，厚 3.2 米，城头建垛 637 个，窝铺 12 个，兵马司 4 处，并在四座城门之上建起门楼；万历十四年（1586），在古城东面筑护城河堤 430 余米，城墙再次加厚，同时增加女墙和窝铺。城内建筑有知州署、学正署、训导署、守备署、千总署、书院、明伦堂、养济院、常平仓、文庙、武庙、昭忠祠、城隍庙等。永宁州古城地处桂林至融安的险要地段，仅有一条古道从这里的大峡谷中通过。古城就建在古道的必经之处，两面有天然河流为护城河，四周数十千米都是高山大岭。其北面6千米处有绵亘十余千米的险要关隘——三台岭（旧称三厄岭）。永宁州古城就处在三台岭险隘下的古道上，它就像一个关隘，进可攻，退可守，大有一夫当关、万夫莫开之势。古城四周城墙至今基本保持完好。

百寿多岩溶地貌，自然胜境密布。著名的有穿岩、九落岩、百寿岩（夫子岩）及多处关隘。穿岩在百寿镇江岩村。岩洞南北相通，长60米，宽敞明亮，可容千余人。岩壁溜光，平如刀削；岩底石板铺平，古为桂林通往云南、贵州的主要驿道，也是广西八府赴省陆上交通的必

图4-33　缠绕永宁州城的百寿河，潭深水碧，波光潋滟。摄于2014年8月。

经之路。南面岩壁有清代州牧武越熊题刻的"灵岩一窍"和其他石刻，北面岩壁刻王天卿题的"洞天一色"，参将陈大器篆刻题诗一首。南岩口东侧曾修灵岩寺，西侧修文昌阁，民国初年已毁。岩北面有一石洞，四季有风吹出，冬暖夏凉。

九落岩在百寿镇西二千米处，为石灰石暗河岩窟，洞深不可测，从岩口行进约 1 千米，为一大深潭，一向无人涉过。能游览地段，宽敞平坦，最狭处宽 5 米、高 4 米，最宽处为"一洞天"，宽约 20 米，高达 50 米。岩内石乳、石笋、石幔、石柱，千姿百态，蔚为奇观，底部泉水斗折蛇行，汩汩有声，优美动听，游鱼随处可见。岩口于明朝时修建九落庙，20 世纪 50 年代初期已毁。

百寿古镇周边有三台岭、都琅隘等关隘，均为一夫当关、万夫莫开之地，险要异常。三台岭旧称三厄岭，位于永宁州城北面约 6 千米处。该地三岭相连，绵亘十余里，号称"孔道一线，喻岭之凹凡三，崎岖巇险，行者病之，故俗呼三厄岭也"。明代覃万贤、韦朝威聚众起事，粤桂总督闵圭请兵讨之，分四哨进攻，副总兵马俊、右参议马铉一哨至此，中民军埋伏被杀，官军大败。战后修为官道，清朝乾隆四十一年（1776），立记事碑于此，并建亭，州牧陈徵题"翔步天阶"四字于亭上，行人到此得休

图 4-34　百寿镇周边峻岭逶迤，奇峰峭拔，植被丰茂，青山秀水孕育著名的长寿之乡。摄于 2014 年 8 月。

息之便。20 世纪 60 年代桂（林）泗（顶）公路由此通过，从此，天险变通途。都琅隘由三台岭北行转东约 23 千米，与临桂县交界处，乃出入必经之地。海拔高 900 米左右。旧时为羊肠小道，千折百盘，陡峻异常。唐代末年黄巢起义，率兵经此，曾与团练使于向交战于岭下。民间传说宋朝杨八姐征讨侬智高，率兵至此，用佩剑在岭巅掘井一口，以解士兵之渴。明代，韦银豹起事，俞大猷率兵征剿，分为七哨，俞大猷率一哨由此进。

　　百寿虽然地处偏远，但人文荟萃，尤其以人多年寿著称。距永宁州古城东一里有一座峻岭，岭脚有一个岩洞，名百寿岩。岩洞深约 30 米，宽敞明亮。相传东晋时葛洪

图 4-35 民间传说百寿岩前
产丹砂，葛洪曾炼
丹于此。岩下有
百寿园，多名人遗
迹。摄于 2014 年
8 月。

图 4-36 百寿岩崖壁上
的"寿"字。摄
于2014年8月。

曾在岩洞中炼丹。岩前有一井名丹砂井，据说吃了该水能长寿，《抱朴子》和《广舆记》均载：廖扶一族人饮丹砂井水都活到百岁。宋绍定二年（1229）县令史渭有感于百寿一带多长寿老人，在他自己寿庆之日，特书隶书大"寿"字，并请百名长寿者书献一个小"寿"字，请名匠刻于夫子岩西侧，组成《百寿图》。独具匠心的是大"寿"字笔画中嵌入一百个小"寿"字，一字一体，无一雷同，自象形文字直至篆、隶、真、草诸体皆备，每字旁均注明文体出处。各字笔力遒劲，雕刻精工，集中国汉字演变为一体，融宋代之前书法精粹于一身，1981 年，百寿岩石刻被列为广西重点文物保护单位，2013 年 5 月成为全国重点文物保护单位。传说《百寿图》可镇风涛，过去士大夫航海、宦游、行商，常将其拓品藏于行箧，今人也视之为珍宝。岩壁还有赵孟頫书的"宁寿"，明代总兵俞大猷的《寿岩石壁题铭》和都御史张翀的《平定古田大功碑》，以及其他题诗石刻 23 处。岩后洞口在明万历年间建望北亭，岩前洞口在清代乾隆三十五年（1770）建宁寿亭。原亭因年久失修，于 20 世纪 50 年代毁坏。1990 年，广西壮族自治区文化厅拨款修复了望北亭，并筑了保护围墙。

百寿镇有著名的悬崖墓葬，在百寿镇山南村庵子山悬崖峭壁上的仙姑岩里。岩口离地面约 60 米，洞面积 20 余平方米。正中央置放一座檀木棺，至今不朽。相传明万历年间，一个叫青莲的贫弱女子反抗黄姓恶霸逼婚而出家于庵子山修道，死后葬于该岩穴。该墓葬是研究我国西南地区悬崖墓葬的重要资料，1983 年被列为县级文物保护单位。

直至明代弘治初年，百寿镇所在地的古田县地瘠民贫、交通梗阻、民事频发。执州县权柄者深知绥靖此地，不能仅凭武力征讨，必须重视教育，开化民智。于是在政治局面稍微安定之后，执政者便从桂林等地招募有学之士，在县治（州治）和乡下设立学馆，教化原居民、新移民以及屯守军士子弟，卓有大成。自此，百寿古镇遂倡重教崇德之风，百姓日渐知礼好义，而颇多模范人物。

图 4-37　百寿岩崖壁上的石刻，富有蕴意。摄于 2014 年 8 月。

《永福县志》记载，清代中期百寿古镇有一清廉耿介之士曰刘新翰。刘新翰（1693—1758）字含章，号铁楼，永宁州龙井村（今属百寿镇三河村）人。家境贫寒，八岁丧父，依靠母亲纺织、耕种而读书。少年刻苦自励，博览群书，成为当地名流。清雍正元年（1723）乡试举人。他与临桂县陈宏谋既是好朋友，又是同榜举人。次年春，两人去京城参加会试。陈宏谋是解元，又是小富人家。而刘新翰经济拮据，且秉性耿直，疏于官场打点，遂不中。雍正十年（1732），刘

图4-38　百寿镇丹砂井，传说长饮此井水可长寿。摄于2014年8月。

图4-39 百寿岩下当地村民廖扶塑像，传说他结庐丹砂井旁，享寿138岁。摄于2014年8月。

授经南诏（今云南），在滇中六载，士子从之如云。后以母老辞归。清乾隆四年（1739），刘新翰被选拔到武缘县（今武鸣区）当教谕。乾隆七年（1742），荐为秀峰书院主讲席。九年（1744），选为江阴县令。赴任前，母亲告诫："汝为政，公堂之上有三尺不生草之地，子民至此，心胆俱寒，切记不要冤枉好人，错杀无辜。"他署任江阴县四年，体恤百姓，平反冤案。当地百姓极为敬仰，著名诗人袁枚称他为"江南第一好官"。他在为官期间，亲历了官场的尔虞我诈，看到了官僚们的贪赃枉法，对当时社会产生了不满情绪，甘愿洁身自好。于是，在乾隆十三年（1748）辞官回家。二十二年（1757），陈宏谋任两广总督时，以厚礼聘他出家做官，他坚决推辞，并寄诗一首给陈宏谋："昼锦恩咸重，维桑属望深。两江鲛鳄横，诸道虎狼侵。铁钺春秋笔，风霜天地心。他年思旧荫，千里戴棠阴。"刘长于吟诵，著有《谷音集》，他的诗语言晓畅，抒情自然。

该地有一种土俗，大有鸟图腾崇拜的遗迹。婚礼当天，新媳妇轿到门口，由一人手持活鸡一只，刀一把，口中念道："伏以：日吉时良，天地开张，新人到此，万事吉祥，昨日是单，今日是双。桃之夭夭止相当，之子于归配凤凰；宜其佳人今下轿，金童玉女结成双。血祭东神，煞上天空；血祭南神，煞上天堂；血祭西社，煞上天梯；血祭北神，煞上天庭。一百二十四位凶神恶煞，金鸡承当。奉请姜太公到此，急急如律令。"念毕，刀割鸡颈，将血淋轿四周，将鸡抛由轿顶出，敬请老媪扶新娘出轿，新郎手捧盘，盘中有茶叶、豆、米，用手抓起向新娘撒数次。扶新娘者摘新娘头上花两朵交与新郎，新郎接花用手捶数下，丢于地上，用脚踏蹂，称为"挑罗帕"，然后拜天地、拜堂。百寿一带壮族百姓婚礼不用人夫轿马。新郎去迎亲，回时新郎走前面，新娘随后打一把"窝伞"（即将伞半收半开，将头罩住），别人一看便知谁是新娘。

第四节　黄姚古镇

黄姚古镇位于贺州市昭平县东北部，是潇贺古道南下桂江这一古商道的重要中转站，素来以商旅云集、街市繁华、古建筑众多且保持较为完好而著称。宋朝时黄姚古镇逐渐有人聚集，于明朝万历年间已成雏形，到清朝乾隆年间发展到了鼎盛。关于黄姚镇的名称来历，传说当初由于镇上以黄、姚两姓居多，故名"黄姚"。它是一个有九百多年历史的古镇，目前有保留较完整的明清建筑，并以山水清奇优美的梦境家园、"小桂林"之称而享誉海内外。全镇方圆3.6平方千米，为典型的喀斯特地貌。古镇内山水岩洞多、亭台楼阁多、寺观多、祠堂多、古树多、楹联匾额多。有山必有水，有水必有桥，有桥必有亭，有亭必有联，有联必有匾，构成古镇独特的风景。所有古街道全部用青色石板镶嵌而成，路面平滑如镜。镇内的屋舍按九宫八卦阵

图 4-40　古镇门牌虽然秀气，但古镇很大气。陆丽萍摄于 2012 年 12 月。

图 4-41　古树上虬龙一般的枝丫，仿佛岁月的象征，又是古镇数百年沧桑的见证。陆丽萍摄于 2010 年 7 月。

图4-42 黄姚古戏台既演绎过人世的沧桑，也变幻过黄姚的古往今来。摄于
2011年8月。

图4-43 贯穿黄姚古镇的姚江，湛蓝深幽的潭水，带一分寂静，留一分慵懒，仿
佛黄姚人那一分淡泊悠远的岁月。摄于2011年8月。

势布局，属岭南风格建筑，与周围环境形成一体，被称为"人与自然完美结合的艺术殿堂"，是一个天然的山水园林古镇。抗战期间，国内许多著名的爱国人士在此居住。全镇有金德、迎秀、天然、连理、安乐、龙畔、十字、新兴八条主要街道，街巷修长幽静，蜿蜒曲折，门面规整。房屋多保持明清风格，街道均用青石板砌成。环城石墙护卫，隘处门楼耸立，古树参天，碧溪萦绕。数百间青砖瓦房，古色古香。今尚有明代建筑宝珠观、戏台、文明阁、白马庙、水口祠、安乐祠等，其誉与桂林齐。人文景观还有韩愈、刘宗标墨迹，中共广西省工委旧址纪念馆，钱兴烈士塑像，何香凝、高士其、千家驹等文化名人寓所，以及许多诗联碑刻。黄姚古镇土特产誉美东南亚，如具有几百年历史的佐餐调味佳品黄姚豆豉、滋补佳品九制黄精等。黄姚豆豉在清朝被列为宫廷贡品，在民国时远销东南亚。

由潇贺古道南下，经黄姚入富群江水路，直达桂江（旧时称府江、抚江），是由湘入桂进而到达梧州、广州的一条便捷的通道，而黄姚就是这条便捷通道上的重要驿站。因此，旧时的黄姚，在政治、军事、经济上的地位不言而喻。尤其在经济上，是古湘桂走廊潇贺古道一处重要的货物集散地及中转站。黄姚古镇的房屋多为两层的砖瓦结构，虽没有都市大户人家那种恢宏气魄，但建筑精美，砖雕、石雕、木雕都有很高的工艺水平。古建筑的梁柱、斗拱、檩椽、墙面、天花都雕花绘草，千姿百态，栩栩如生。黄姚过去以商业著称，沿街两侧的老房子绝大多数都是昔日的店铺。那些昔日店铺老旧的木头窗户上，还留着一个圆孔，是晚上店铺歇息后偶有客人购物时"一手交钱一手交货"的通道。古镇每条街巷的青石板上总能看到碗口大小、连成一排的小洞，据说在当年用于安放闸门，防御外敌。

黄姚古镇街口有一座明代建筑的古戏台，至今保存得相当完好。戏台中央悬挂一块木质牌匾，上书三个大字"可以兴"。戏台建于明嘉靖三年（1524），为亭阁式建筑，

图 4-44　从黄姚古镇悠长而狭窄的街道，灰白斑驳的墙体，人们能够读出古镇的沧桑和感慨。摄于 2011 年 8 月。

台基以青条石镶砌，戏台以八根巨木为支撑，属单檐木石砖瓦结构，戏台平面呈"凸"字形状。

　　从前，黄姚镇内龙潭这个地方不叫龙潭。那里起初住着两户人家，一家坐南朝北，姓李，人们叫他李老财；一家坐北朝南，姓张，人们叫他张老财。两家都是大户，两个老财的田地很多。可是他们自己并不耕种，全靠收田租、牛租过活。他们收租与众不同，一是收干谷，而且要包送到他们家；二是他们自制一把假秤，一百斤起码得一百五十斤；三是不能欠租，如果欠租，除下年

图 4-45　古镇的商铺别有情致：窗外的柜台下面供奉着财神，货品和银钱就在柜台上流转。商家的寄托和柜台的象征融为一体。摄于 2011 年 8 月。

图 4-46　黄姚古镇母亲河姚江两岸，巉岩、古榕、茂林、修竹，与蓝天白云交织
　　　　　在一起倾泻江中，让游人分不清是传说孕育了深潭还是深潭演绎出传
　　　　　说。摄于 2011 年 8 月。

图 4-47　这样的广告
耐人寻味：
即使用妙药
擦拭世俗眼
光，也未必
能看透墙壁
上的厚重文
化。摄于
2011 年 8 月。

另租他人耕种外，还要原佃户变卖家产交足。这么一来，穷人们尝够了苦头，真是恨透他们了。有人背地给他们起了绰号，一个叫"鬼王差"，一个叫"鬼见怕"。邻近佃户，无不怨天怨地，叫苦连天，久而久之，天上玉帝得知此事，便派大臣下凡调查。这大臣下到凡间，变作个算命先生，到两个老财家去。不料刚到门口，见一老财，正在怒气冲冲逼着个佃户交租还债。大臣见了，也不说话，即离开这里，驾云回府启奏玉帝。当晚，玉帝即命龙王派二蛟把"鬼王差"和"鬼见怕"两家大院全部钻穿地层使其泥土下沉，以惩罚二家老财为富不仁，迫害良民。

二蛟得令后，即动身起行。玉帝又想起他们家也有丫鬟使女，不能善恶不分。急令"天犬"提前下凡，设法救出良善。天犬得令，连夜赶到老财家中。这时，二老财全家都睡熟了，看看将近五更，见柴房灯火通明，有人在纺纱。原来是老财家佣人深更半夜在给老财纺纱。天犬心生一计，悄悄进去，一口将纱团叼走，直奔门外，佣人见状边喊边追出来。佣人追出院外，狗不见了。原来天犬又到第二个财主家里去了。又见一个佣人在给老财磨谷子，天犬灵机一动，把佣人放在一边的衣裳叼走。佣人又追出院外，狗不见了。两个佣人碰到一起，正想问个情由，突然一声巨响，一瞬间，天昏地陷，两家老财的屋子全覆没了，变作一湖汪汪浊水。

从那以后，那里就成了两个水潭。因为它是被蛟龙钻穿的，所以叫龙潭。大的叫大龙潭，小的叫小龙潭。龙潭有两奇：一奇是有时大晴天，会有滚滚的浑浊洪水上涨，约半个小时，洪水自然消失，恢复原水位。二奇是渔人撒网捕鱼，常被水下沉物钩着渔网，弄得网破渔逃。据说是被当年沉下的老财屋檐挂着所致，但谁都不敢潜水

图4-48　某段历史可以尽情评说，但永远难以磨灭。摄于2011年8月。

察看个究竟，只当作奇闻流传至今。

黄姚古镇的节庆与其他地方没有太大差异，但有一个节日是黄姚特有，那就是农历七月初七的"取水节"。据当地传说，这一天是仙女下界到仙人古井沐浴的日子，所以当日的水是圣水，存放两年仍旧新鲜，可以治疗疾病。老人喝了长寿，孩童喝了健康，茁壮成长。黄姚仙人古井，泉水清澈透亮，无论是大雨还是洪水，井水都不会浑浊。古井占地约 50 平方米，有 1 米多深，分为 5 口，功能各不相同。位于西北角的一口供饮用，东北角的一口用来洗菜，这两口井与下方的三口井相通。下方的三口井

图 4-49　中共广西省工委旧址——黄姚见证的政治历史风云。陆丽萍摄于 2010 年 7 月。

则用来浣洗衣物。井水最后流入黄姚镇的小珠江，经马江、梧州，最终流至西江。七月初七日这天，人们早早就涮桶、洗瓶子等准备盛水的器皿，正午开始取水。人们脸上都洋溢着节日的喜悦。姑娘们在水井边上洗头，孩子在古井里洗澡，一片热闹的情景。取了水的人将水拿回家，保存起来，生病或者有客人来时，就拿出来饮用。中午还要备上丰盛的菜肴，庆祝节日。有趣的是，取水的一般是老人、孩子和妇女，成年男子回避。

关于黄姚古井，还有一个美丽的传说。有一年的农历七月初七晚上，天宫里的牡丹、芍药、芙蓉、降株、菡芝等仙女聚在一起，商量去哪儿玩。菡芝仙子猛地一拍手："对了，我知道哪里好玩了，去黄姚！黄姚好玩！前几天我帮风神给玄武帝传话，路过那里，该地不仅山清水秀，而且还有一池灵泉，泉水清澈甘甜！我们何不去那玩一转，洗个清清香香的泉水浴如何？"牡丹仙子同意了，其他仙子也跟着应和。

在淡淡月光的照耀下，一池烟水淡如疏，轻波盈盈美如珠，汩汩的泉水自泉眼喷涌而出，有一种清澈、芳香、甘甜的感觉。仙女们好不

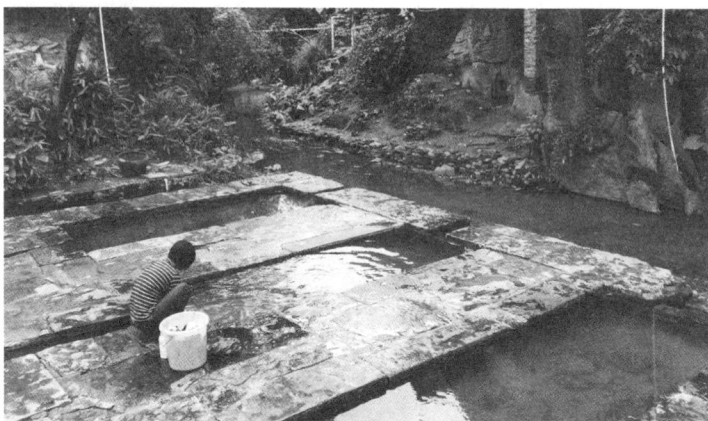

图 4-50　清泉未必如传说般灵验，但应该能够洗除劳作后的污垢。钟咏峰摄于 2013 年 4 月。

图 4-51　淡定的老人，也许并不在意小买卖的多少，而在于执着的守望。钟咏峰 2013 年 4 月摄于黄姚。

喜爱。于是大家纷纷脱去仙衣，解下发髻，脱去绣鞋，争先恐后地下去泡泉水。这里没有长幼尊卑，没有清规戒律，有的只是自在、欢笑、热闹、开心，仿佛天宫里的那些寂寞、烦恼都烟消云散了。到了这里，她们都变成了凡间的女子，尽情地玩耍、嬉戏，享受人间的快乐。

不知不觉已是月下柳梢头。忽然从远处传来一个老婆婆的喊声："姑娘们别闹了，把水搅浑了大家天亮喝什么呢？快回去吧。"只见一个老婆婆提着一篮菜往井边走来。

老婆婆见姑娘们整理衣服，梳头打扮，不忍

图4-52 翠色掩映中的门楼，携带几分苍凉，几分沉着，而透出更多的是厚重的文化底蕴。陆丽萍摄于2010年7月。

心打扰她们，就坐在一旁静静地看着姑娘们，慈祥地笑着。言谈中老婆婆告诉姑娘们，家中老伴儿和孙子正患重病。她要早早弄好饭菜，等家人吃了她还得去很远的地方给病人抓药。

芍药仙子听了老婆婆的诉说，若有所思。不一会儿，芍药仙子附在老婆婆耳边说了几句话。老婆婆疑惑地点点头。

正午的时候，老婆婆用洗净的陶罐装了一罐井水回家，分别喂到老伴儿和孙子的嘴里。顷刻之间，老伴儿和孙子便神清气爽，病态全消。之后，老婆婆想起镇上一个孤苦伶仃的老人，身上长满疥疮，已经几年了，由于无钱医治，被折磨得痛不欲生。老婆婆试着用井水在那老人身上涂抹一遍，老人身上的疥疮瞬间也消失了。老婆婆还拿这井水试着给镇上的人治病，都有奇特的效果。

后来人们还发现，农历七月初七正午打回去的井水水质特别好，用来酿酒，酒味醇厚清香；用来做豆豉，豆豉香得让人流口水；用来洗竹器，竹器不会生蛀虫。于是大家都把那一天打回去的水叫"神仙水"，把那一口仙女沐浴过的泉井叫"仙人古井"。黄姚也因此出现了很多长寿的老人。

第五节　扬美古镇

　　扬美古镇位于左江下游，三面环山，距南宁市约30公里，水陆交通方便。古镇始建于宋代，在明代得以迅速发展，到了清代更是一片繁华。兴盛时，扬美有8座码头。因其地利，扬美古镇曾经是左江流域最重要的码头，人称"小南宁"。

　　水运溯左江而上可直达中越边境的龙州县，转右江西进可达云贵。延至民国初年，扬美仍然是军事和经济重镇，更是控制两江州、峒地区要冲。在宋代，扬美所临左江上下游的崖岸上各建有烽火台一座，以为警报。烽火台所在的岩石高耸江岸，视野开阔，能够俯视扬美所在一段。

　　扬美古镇三面环山，一面临江，层峦叠翠，河水清澈，古树参天，翠竹成林，蕉林似海，清荷飘香，一派田园风光。江上烟雨蒙蒙，意境悠远；古镇沿江而建，绵延深长；青石垒就的码头，厚实凝重；长弧形的卵石江滩，使人流连。扬美古镇居民除极个别为原居民外，祖先大多是从山东迁居于此，迁徙至此的主要原因为当年随军南征而屯留下来；少部分由广东经商到这里后定居下

图 4-53 扬美的孔庙至为神圣。摄于 2014 年 7 月。

图 4-54 屹立于江畔的牌坊，气魄浩大，做工精美，日夜俯瞰左江的浩渺，静听拍岸的涛声，追忆远去的繁华。摄于 2014 年 7 月。

来。扬美居民共有 30 多姓，其中杜姓、梁姓、杨姓三姓居民最多，尤其杜姓人口最为庞大。镇中往来居民，问其姓氏，鲜有非杜姓者。杜、梁、杨三姓居民皆云祖先自山东来，而且略有年纪的居民，基本上熟记当年祖上所居山东原籍县乡村社名称。镇上居民平时操平话（有语言学家云"平话即宋朝时期的山东话"），湖南南部直至越南北部，现今湘桂铁路沿线一带，操平话者甚众，还有狄青当年南征所留屯守兵士以及后来由于各种原因南迁居民所受影响而形成的汉语方言。

扬美古镇因水运之便而起，也因水运式微而沉寂，经历了上千年岁月。初时，由罗、刘、陆、李四姓建造，因荆棘丛生，白花满地，取名"白花村"。后来狄青南征，各方人士前来，逐渐发展，因清溪（即左江）贴身，扬波逐流，便易名"扬溪村"。有人说，随着时代发展，思想进步，人心向美，便更名"扬美村"。扬美，宋代便已建镇，明代得以发展，到了清代更是一片繁华，成为重要的商埠。当时有人形象地描绘了扬美鼎盛时期的景象："大船尾接小船头，南腔北调语不休。入夜帆灯千万点，满江钰闪似星浮。"

这里民风古朴，崇文尚德，仰美扬美，钟灵毓秀，人杰地灵。明清时，举人、进士、禀生、太学士迭出；近代则有辛亥革命先贤梁植堂、梁烈亚，为后人所景仰。据统计，扬美在明清两代就出了6个进士、4个举人、30多个贡生。在以商立业、铜钱味浓郁的弹丸喧闹所在，能够有如此的文化教育成果，实属罕见。

扬美自然清奇，胜境繁多，尤其以八景著称。其八景为龙潭夕照、雷峰积翠、剑插清泉、亭对江流、金滩月夜、青坡怀古、阁望云霞、滩松相呼，至今仍可寻其踪迹。

"龙潭夕照"，扬美八大景点之一，是左江水在扬美河段较弯处形成的一个河湾。河湾旁有一大棵榕树，分两大叉，平行向前伸延，下面顶着一石柱子，仿若两条龙在飞舞，大的叫龙王，小的叫龙

图 4-55 扬美古镇上所到之处都可以看到这样的景象，也可以说是扬美一景。屋宇虽已凋敝，院落也已破败，但残留的石阶和门础，仍然能够透出曾经有过的豪富与气派。摄于 2014 年 7 月。

图 4-56 临江街曾经是扬美最为繁华的所在，号称"大闸口"。人们由斑驳的门头、粗犷的石阶以及磨损得凸凹不平的青石板路面，就可以想见昔日的喧闹情景。摄于 2014 年 7 月。

图 4-57 如盆景般的巉岩之下是千丈深潭，左江汹涌奔腾而来，到此被高崖阻挡，于是形成扬美胜境曰"龙潭夕照"。古《邕宁县志》载："龙潭在扬美城侧，深不可测，为鳞潜薮，临渊羡赏，则群鱼逐队而出。"潭下水深，有巨石酷似龙头，每当日夕，霞光漫布，波光粼粼，景象万千，极富诗情画意。倘遇清秋时节，星月高悬，江风徐来，疏影婆娑，渔舟唱晚，则更是醑酒行吟的佳处。摄于 2014 年 7 月。

妃，故称龙潭。站在龙潭边举目远眺，扬美湾美丽的风光尽收眼底。每当夕阳西下，水面波光粼粼，绿水映着翠竹，满眼苍翠，让人流连忘返。

"金滩月夜"，扬美古镇对岸，是一较大规模的沙滩，长约 2000 米，宽约 200 米，上半滩为半沙半石，呈棕黄色或者淡黄色，在月光的映照下则呈淡淡的金色。而下半滩却是雪白的细沙，曾有诗云："月夜沙洲美，渔灯到处明，江心淳

图 4-58　建于清嘉庆年间的五叠堂是五进式青砖瓦房，典型的清代建筑风格。老
　　　　户主擅做豆豉，所产豆豉既黑且香，而且从不短斤少两，因此日渐殷
　　　　富，扬美豆豉也因他出名。摄于 2014 年 7 月。

图 4-59　扬美古镇上的黄氏庄园建于清乾隆年间，总面积 900 多平方米。高墙大
　　　　院，廊檐回环，其整体结构和建筑艺术深具清代岭南汉式传统风格，与
　　　　古镇周边的民居有较多不同，系扬美古镇民居的典型代表。摄于 2014
　　　　年 7 月。

朗月，水面丽繁星。""滩旁翠竹舞，水边白鹭
嬉"，从中可见金滩夜景的美丽。

　　古镇另有两处胜迹，特别值得一看。其一为辛亥革命
先贤梁植堂、梁烈亚在古镇金马街的故居。原来占半条街
道的建筑，现仅存一厅三房一庭院。孙中山领导的镇南关
起义，曾在这里召开过秘密会议，商讨有关事宜。梁氏父
子追随孙中山先生，均为辛亥革命风云人物。梁植堂曾任

图 4-60　《徐霞客游记》载"有突涯飞石，娉江北岸"，正是扬美古镇下游雷峰山
　　　　一带。雷峰峭拔青黛，"雷峰积翠"为扬美胜境，其周边有多座烽火台。
　　　　摄于 2014 年 7 月。

孙中山机要秘书，武昌起义成功数年后辞世。梁烈亚参加镇南关起义、辛亥革命后，又积极投身抗日战争，参加新民主主义革命，中华人民共和国成立后任上海文史馆馆员，直到 1982 年辞世。

另一处为魁星楼。魁星楼始建于清乾隆元年（1736），重建于道光二十二年（1842），系街民募捐修建。街民传说，魁星楼所在地为一螃蟹妖，于小镇风水不利，常招致水患，于是建魁星楼镇之。现存魁星楼为一座重檐歇山顶，小青瓦屋面，砖木结构建筑。平面呈方形，通面宽 3 间，宽 10 米，进深间，深 10 米。深间为前廊，通高约 12 米。外墙为青砖清水墙，穿斗式木结构，木板楼

图 4-61　烈日下的扬美古镇街景，恬静之中透出些许冷清。摄于 2014 年 7 月。

图4-62　三界公是广西西江流域百越系民族普遍尊奉的神灵，许多地方都为三界
　　　　公建立了规模宏大的庙宇，四时奉祀。扬美立有"三界庙"，体现不同
　　　　民族的宗教融合。摄于2014年7月。

面。前廊为单坡顶，两山设有博古脊饰，脊端头饰"文
笔"。屋顶正脊设宝珠脊刹，两侧置鳌鱼。一层屋檐设有
出檐，勾头滴水与墙相齐，檐口下有浮雕花草装饰带。二
层檐出一步，以桃承托檐桁，桃头置小斗。整座建筑以前
廊的设置形成前低后高、错落有致的外部造型，具有鲜
明的地方特性。主楼高15.3米。整座楼呈方形，上小下大，
雄伟壮观，外形像帝王玉玺，故人称"帝印"。楼有三层，
一楼供奉的关帝圣君木雕神像，栩栩如生；二楼供奉的
文帝木雕像，惟妙惟肖；三楼立有魁星木雕神像，右手
执笔，左手拿书，右脚提起似踢斗，左脚踏在鳌头上，

图 4-63 建于清朝乾隆元年（1736 年）的魁星楼，辛亥革命前夕曾经是广西会党首领黄兴、黄和顺等志士重要的活动场所。摄于 2014 年 7 月。

一副"独占鳌头"的神情。魁星楼不仅是一处珍贵的文物古迹，也是辛亥革命在广西的一个重要纪念地。1907年 10 月，辛亥革命前夕，广西会党首领黄兴、黄和顺、黄明堂先在梁植堂家开会，后又转移到魁星楼继续开会，部署桂南各地推翻清朝的革命武装斗争事宜，其后又在这里进行过秘密活动。南宁市政府已于 1996 年将这里列为文物保护单位。

扬美现存一碑，从中可看出当年街民自治意识的强烈与自治方面的周详。

扬美街通乡士庶设立禁约永远碑记

议圩市所有一切屠宰，无论皮肉下水，不得灌水搭骨喂盐，如有灌水搭骨喂盐，实有害人，任从本乡外乡人等获捉，众议罚银三两六钱正归庙。其秤务宜司马，如敢抗违，呈官究治；

议圩中所有往来生面奇疑人等歇宿，圩长务宜不时严查，不得徇情，一经察出为圩长是问，呈官究治；

议圩市中地所狭窄，自后各铺前后左右，不得再加起造房屋及篷厂查察占出圩行，如敢违抗，众议拆毁之外，罚银三两六钱归庙；

议圩市各铺前面不得堆积木股，致碍圩市，

图4-64　清代嘉庆十九年（1814）扬美古镇所立禁约碑。摄于2014年7月。

如违罚银三两六钱正归庙；

议圩行原系众地所有铺面空处，任从摆卖货物，不得私收地租钱文，至于法纪察出呈官究治；

议自后历任乡保，务宜照碑竭力办理，不得徇情，如有徇情，不得支费渡银；

以上所议条例，系通乡公议，勒石之后，不得私将字样毁坏糊乱，乡禁一经察出，罚银十两外，呈官究治。如有呈究所用盘费，具有乡银支用。各宜踊跃遵守，俾得乡境清平。

嘉庆十九年八月吉日立

第六节　旧州古镇

旧州古镇位于靖西市境东南部，毗邻越南。旧州历史悠久，田园如画，风景秀丽；既具有壮民族浓郁的风情，又具有汉文化的深厚底蕴，还保留有八桂南部边境地区土司文化的深刻印痕。

旧州古名那签、顺安峒、归顺土州，位于靖西市城南8公里。旧州原为归顺州（今靖西）州治所在地。清顺治六年（1650），为抵御外敌侵扰，州治北迁计峒（今靖西市治所）兴建州城，原归顺州址遂被称为旧州。据清《归顺直录州志》记载：南宋末年，江西省广信府广丰县（今江西省上饶县地）人张天宗随文天祥抗元。因兵败，张天宗率部众300余人退走广西，因途中迷路，看到旧州这个地方山清水秀、林木茂盛、气候温和，就在此住下，与当地土民一起，辟垦山林，开荒造田，引水灌溉，还把内地先进技术和文化传授给当地土民，使这个偏僻的壮族山区经济文化迅速得到发展。张天宗被推为峒官后，就将旧州一带称为顺安峒，以驻地那签为中心，把辖地划分为五个峒，每个峒分四路四甲，并设置亭田，用其收入助婚丧嫁娶、孤寡伤残，设乡塾教育土民子弟，百姓安居乐业，各族人民友好交融。旧州于是成为边境地区的"世外桃源"。

旧州地处边鄙，虽然中原文化很早就渗入该地，秦始皇统一岭南后该地便归象郡管辖，但长期由土著人士治理，因此土官政治色彩非常浓厚。即便有外来汉人曾经作为当地的政治、军事首脑，但这些汉人在当地生息繁衍日久，许多实际上已经被当地同化，因而其军事、政治方面仍然体现出浓厚的土官色彩。元、明两朝旧州一带最为著名的峒主、土官有张姓峒主和岑姓土官。张姓峒主源

图 4-65　旧州古镇入口处的牌坊，凝聚了旧州近千年的文化元素。曾昌明摄于
　　　　 2014 年 7 月。

图 4-66　旧州古镇风光
　　　　 绮丽，奇峰兀
　　　　 立，碧水长
　　　　 流。古老的文
　　　　 昌阁见证了旧
　　　　 州古镇数百年
　　　　 的沧桑。摄于
　　　　 2010 年 9 月。

图 4-67 旧州镇中的古戏台（名叫"壮音台"），年代未必久远，但造型古色古香，装饰华丽，与周边秀丽山水相谐相融，成为旧州古镇的重要标志。曾昌明摄于 2014 年 7 月。

图 4-68 旧州古镇中的这幅壁画，浓缩了旧州古镇近千年的历史，将旧州地区原始宗教文化、张天宗南迁、汉壮民族融合、旧州人筚路蓝缕、旧州人勇纾国难等优秀元素融于其中。曾昌明摄于 2010 年 9 月。

于宋末抗元名将文天祥部属张天宗，岑姓土官则以岑璋、岑瑾最为著名。

据有关资料记载，张天宗（？～1314），江西广信府（今江西上饶地）广丰县人。宋德祐元年（1275）元蒙兴师犯宋，张天宗聚众从军，参加文天祥部抗元。德祐二年（1276），文天祥兵败走粤东，被俘不屈，慷慨就义。张天宗走粤西，兵败欲奔安南（越南），越山迷道抵顺安峒地贡峒（今旧州）休整，以待时机，反攻复宋。景炎二年（1277）张天宗亲自勘察峒场，披荆斩棘建造草舍垦荒造田，派人到外地引种稻谷，聚处草木重蔽，

图 4-69　静卧于奇峰翠林中的张天宗墓。费云摄于 2014 年 11 月。

取名那簦（今旧州）。继定山川、田峒、村屯名次，村边种竹，开通车、马、人行道，修筑河堤，引鹅泉水灌溉。经过几年整治，田园一新，张天宗等人遂安居下来，与当地土人亲密无间。

顺安峒到处高山密林，与外面不相通，赵宋王朝倾覆多年，张天宗仍无所知，记历照旧沿用宋端宗景炎年号，循宋礼制。当地群众对张天宗心悦诚服，于景炎六年（1281），拥戴他为峒官。张天宗成为顺安峒一世峒官，邻峒都来归附。张天宗给部属许元管理频峒（岳圩），许遂管理计峒，侄子张浚管理禄峒，侄子张浒管理华峒（化峒），张受管理诚峒（今新靖诚良），统一领导。继而制定"亭田制度"，把生产与生活结合起来，以十人为一家，十家为一亭，峒设三亭，亭设亭长，每亭有仓廒，峒有亭田，共同生产，共同分配，并立有余田、收入作福利。计峒余田 500 亩助婚嫁，频峒余田 400 亩为岁时养老，华峒余田 300 亩作社稷祀典，诚峒余田 700 亩作养孤助残，禄峒余田 900 亩助民丧葬。景炎二十一年（1296），五峒总管仓谷 10 万石。此外，还将区域划为四路四甲，即上路为上甲，中路为中甲，下路为下甲，东路为内甲。

张天宗于元延祐元年（1314）十二月病逝，子张渊袭职，是为二世峒官。始在各峒设立乡塾，延师教民间子弟，岁给官米千斗，为州立学校始。张渊于景炎六十年病逝，子张琅旺继任，是为三世峒官。琅旺好武、狩猎、打鱼，迷信道术，故又名张神仙，景炎六十九年计峒官游猎于龙潭，追逐熊迹到达鉴临冻州界（今德保县境），与外地通，此时已是元朝至正九年（1349）。为适应统治，琅旺取消亭田制，耕地由各户经营，按亩交纳粮赋。元至正十九年，琅旺入山学道，后不知所终，其子张彪掌理州事，是为四世峒官。明朝洪武十三年（1380）张彪病逝，子张龙继任，是为五世峒官。明永乐九年（1411）镇安土府岑志纲奏请以次子岑永福为顺安峒官，隶镇安府。永乐十年永福使其子宗绍诈游猎刺杀张龙于那签，夺占顺安峒地，接着派兵攻占禄峒、化峒、频峒、计峒、诚峒，建立岑氏土司政权。至此，顺安峒自宋景炎元年（实为元朝至元十三年，即1276年）张天宗始，到明朝永乐十年（1412）张龙被刺杀止，历五世，共136年而亡。

图 4-70　瓦氏夫人喜欢练武讲兵。这是瓦氏夫人在旧州的练兵场。殊不知，明代
　　　　　蜚声东南沿海、震破倭寇肝胆的广西俍兵，正是从这里孕育而出。摄于
　　　　　2010 年 9 月。

　　张氏到达顺安峒，带来汉地文化和生产技术，与
当地群众共同开辟边疆，把偏僻之乡治理得井井
有条。尤其制定的亭田制度，世代称赞不已，后
人感其功德于地方，修墓建祠永留纪念。张天宗
墓位于旧州风景区东南约 1.5 千米处。几百年来，
历代有人出资捐款修整。张天宗墓前有一块四方
形巨碑，上记载有张天宗开疆辟土的功绩，另有
一块高约 2 米，宽 1 米的石碑，碑上刻写有："大
宋上大夫总理阁省兵权开辟峒主讳天宗张公墓。"

墓园长约 30 米，宽约 35 米，依山傍水，幽雅肃穆。清光绪年间刘启元在《旧州怀古》诗中写道："怡向颓垣听杜鹃，飘零子姓剧凄然。故家衣锦归春色，荒冢松涛锁春烟。"自清代以来，每年清明时节，当地群众都主动到张天宗墓扫祭，以寄托对开疆辟土的先人的怀念。张天宗墓是靖西市重点文物保护单位。

自张氏峒官到岑姓土官，旧州都是广西西南边陲重镇，系土官活动的重要中心。因此，旧州的形成与兴隆，更多地系土官的军事、政治之力，以及由于多族文化的

图 4-71　位于旧州古镇的瓦氏夫人兵马检校场。蒿草丛中，似乎仍有将士的呐声。摄于 2010 年 9 月。

交流与融合而产生的辐射力量，而依赖于商贸力量推动的痕迹明显要淡薄得多。随着政治中心州治北迁计峒（今靖西市治所），尤其随着清初对该地改土归流的完成，土官影响力式微，旧州逐渐衰弱。

长期坐镇旧州一带的土官及其武装，不仅是稳定边疆、守土御敌的重要力量，还为开发边地、教化峒民做出了巨大贡献，更为中华民族整体利益立下了不朽功劳。明朝弘治九年（1496）十月，岑氏土官率兵有功，顺安峒被升为归顺土州；明嘉靖五年（1526）瓦氏夫人夫君岑猛常起兵侵扰邻近州县，对朝廷阳奉阴违，被总督两广都御史姚莫领兵征讨，逃到归顺州。知州岑璋（瓦氏夫人之父）恨猛不义、女儿失爱，而使计以鸩酒杀猛；明朝嘉靖十九年（1540）瓦氏夫人率狼兵（俍兵）远赴江浙抗倭，名垂青史；万历元年（1573）土官岑瑾与湖润寨土巡检岑寿松奉调率土兵平息内乱，其功载《武功录》。这些活动，有很多都是在旧州作为政治中心时展开的。

　　当地文献记载，土司时期各土官都拥有自己的武装，即土兵。土兵，又名峒丁、田子甲、马前牌、狼兵，为明、清土司时期地方武装，平时务农，农隙训练，遇警征调，既为土官看家护院、保境安民，又可奉国家征调，以纾国难。归顺土兵素强悍善战，自明永乐元年（1403）"诏广西剿匪贼兼用土兵"后，土兵常被征调。弘治十二年（1499）土官岑璋奉调率2000土兵守府江（今平乐县地）有功，升峒为州。嘉靖十九年（1540）州官岑献从征南海黎民起事死于军。嘉靖三十四年（1555）东南沿海倭患，明朝廷授田州女土官瓦氏为女官参将，归顺土目黄虎仁率土兵862名随瓦氏夫人赴苏州平倭，当年七月凯旋。万历元年（1573）土官岑瑾与湖润寨土巡检岑寿松奉调率土兵镇压怀远（今三江侗族自治县地）瑶民起事，其功载《武功录》。史载及民间传说，瓦氏夫人（1498～1557），明朝归顺那签（今旧州）人，土知州岑璋之长女，乳名氏瓦，喜爱武术，善用双剑，年未及笄嫁给田州指挥同知岑猛为妾，因土俗讳娶同族，故以乳名为姓。自幼习武，也善管理行政。岑猛死后，她扶养并辅佐孙子、曾孙袭任土官治理州政，把田州治理得井井有条。瓦氏有胆略，武艺高强。明朝嘉靖年间倭寇肆虐，瓦氏请求出征，被授予"女官参将总兵"军衔。随后率领曾孙岑大禄和所统领的头目钟富、黄维所部4100名，战马450匹，勇将24员，随从女兵40多名；瓦氏统率的归顺州土目黄虎仁所部862名；南丹州官之弟莫昆、莫从舜所部550名；那地州土目罗堂所部590名；东兰州土目岑褐所部750名，总共6800多名，先集中梧州，后经广东南雄，过大庾岭，再坐船至江西南昌，转江苏京口、丹阳，步行到奔牛镇，再坐船至浙江嘉兴，跋涉数千里，经19郡，先于各路客军到达抗倭前线。由于瓦氏骁勇善战，浙江流传着"花瓦家，能杀倭"的民谣。嘉靖皇帝以她抗倭有功，诏封"二品夫人""以杀贼多，诏赏她及其曾孙岑大禄银币、彩缎、御物，余令军门奖赏"。瓦氏治军有方，纪律严明。《倭变事略》《淞江纪略》《张氏卮言》等书籍中有如下记载："以妇将兵，颇有纪律，秋毫无犯。""瓦氏虽妇人，军法甚整，下无侵。""骁勇善战，军令严明。"她教育所部：一、不许骚扰百姓，欺压人民；二、不许奸淫掳掠；三、不许马踏禾田；四、不许违犯军令。她作战时，以7人为伍，每伍各自为战，4人专主冲杀，3人则协助割首报功，所获首功，7 人共享，如一伍冲杀，左、右两伍通力协作，因此打起仗来能克敌制胜。

瓦氏尚在旧州时，即尚武知兵，时时组织土兵操练，演习攻守战阵。旧州城外的土丘上，至今仍然完好地保存着瓦氏讲武场和阅兵台。演兵场宽阔平整，阅兵台庄严高矗，周边用硕大规整的青条石砌就。虽然历经数百年风雨，其规模建制仍然保持完好。瓦氏夫人病逝后，葬于今田阳县田州镇隆平村那豆屯东北面的岑氏墓地（一次葬墓），占地面积 860.2 平方米，墓前有华表、石狗、石狮及墓碑，墓碑上刻有"明赐淑人岑门瓦氏之墓"。瓦氏夫人死后 3 年，岑氏家族按照壮族的风俗为她捡了遗骨，另选风水宝地举行二次葬。二次葬后瓦氏夫人的遗骨安葬在何处，众说纷纭。有民间传说，瓦氏夫人的遗骨已被迁往她的娘家靖西旧州安葬了。可是在靖西市至今没有发现瓦氏夫人的二次葬墓，以致瓦氏夫人的二次葬墓长期成为难解的历史之谜。1994 年，广西壮族自治区有关部门向田阳县下达了寻找瓦氏夫人墓地的任务。田阳县博物馆经过多方调查，确定了瓦氏夫人的原葬地（一次葬墓）在田阳县田州镇那豆屯附近，但遗骨在何处却无人知晓。
1995年3月，田阳县在那豆屯兴建了瓦氏夫人
纪念陵墓，可惜墓中已无衣冠和遗骨。

旧州似一座熔炉，将来自各地各民族的人们及其文
化，熔铸成带有鲜明边境特征的古镇人文景观。这些来自
不同地区的人们，尽管因为各种原因已经演变为具有当
地文化特征的民族，但他们往往以大致相同的方式保留
着家族的根性文化，并以独特的方式呈现着家族文化的
演变轨迹。这也是旧州这一边陲古镇明显有异于广西其他
古镇之处。

图4-72 旧州古镇居民几乎
家家大堂均供奉一
方祖宗牌位，是
家族文化的凝聚
处。牌位两侧联句
及牌额横批载明家
族祖先来源。摄于
2010年9月。

　　笔者2010年9月25日考察靖西县（后改县为市）旧州，跟古镇上的一些居民座谈。居民姓名覃维大，自云祖先来自河南南阳，现为壮族，祖先来旧州年代久远，但具体年月已难以考证。居民张常愉，自云祖先为张天宗，附近张姓多为同宗，其中有汉族，也有壮族。每年清明节旧州及附近张姓宗亲都到旧州张天宗墓前祭奠。陆姓户主为一老者，解放初为广西革命大学毕业（当时校长为张云逸）。陆姓听力不佳，其子在侧。自云祖先从河南来，现为壮族。有一居民姓符，自云祖先来自广东，现为壮族。祖居地广东的大堂也如此书写，但居住在广东的同宗为汉族。一黄姓居民云：旧州一带许多黄氏大堂只书"黄氏历代始高曾祖考妣神位"，但他们这一支，因祖先受恩于韦氏，无韦氏不能存活。为了记住韦氏恩德，故将韦氏等同于祖先供奉。由旧州一带居民书写居屋大堂的香火牌位的特点，也可证其地百姓在融合汉文化的同时，也保存当地壮族文化的元素：广西汉文化浓厚地区，居民在其居屋大堂上书写香火牌位，正中一行必大字书为"天地君亲师位"或者"天地国亲师位"，宗族姓氏以小字书于左侧；

而旧州一带民居大堂香火牌位的书写，体现出居民突出祖先来源与家族文化传统，以及受当地文化濡染后所形成的原始宗教信仰特色。

广西民间，尤其是壮族民间织锦及刺绣技艺发达，而这两种技艺集中体现在绣球的构思和制作上。绣球在广西壮族地区甚为多见，几乎成为壮族的文化符号。绣球制作精美，被视为男女青年极重要的定情之物，年代非常久远。宋朝周去非在广西履政多年，对广西风物多有笔记。其《岭外代答·蛮俗》记载："上巳日（一般与夏历三月初三日重叠——笔者注），男女聚会，各为行列，以五色结为球，歌而抛之，谓之飞驼。男女目成，则女受驼而男婚已定。"宋人朱辅在《溪峦丛笑》中也有记载："土俗节数日，野外男女分两双朋，各以五色彩囊豆粟，往来抛接。"此活动也是男女青年传情的方式：姑娘如果看中一男青年，便将绣球有意抛去，男方接过绣球，若亦有情意，即系礼物于绣球上投报之。绣球成为钟情男女交往、联系的桥梁。

绣球用彩绸做球瓣。每个球用12个球瓣组合而成，各瓣均匀对称，分别用不同颜色的丝线绣上花卉图案，手工精细，美观大方。旧州自古以制作绣球著名，被誉为"绣球街"。旧州街家家户户都会制作绣球，幼自七八岁的

图 4-73　绣球已然成为旧州古镇的重要符号，无论是商品还是建筑装饰到处都有绣球的影子。曾昌明摄于 2010 年 9 月。

娃娃，长至七八十岁的老太，往往都是制作绣球的好手。

关于绣球，在旧州一带流传着一个美丽的传说。说的是在 800 多年前的一个小村庄里，居住着一户贫穷人家。贫穷人家的儿子阿弟爱上了邻村的姑娘阿秀。阿秀美丽漂亮、生性善良，也深深地爱上了诚实、勤劳、勇敢的阿弟。有一年春天，阿秀在一次赶圩时，被镇上一个有钱有势的恶少看上了，要娶阿秀为妻，阿秀以死相胁，坚决不从。

图 4-74　绣球制作图。曾昌明 2010 年 9 月摄于靖西县旧州壮族生态博物馆。

　　当恶少得知阿秀深深地爱上邻村的阿弟时，为了让阿秀死心，恶少眼珠一转，计上心来。他贿赂官府，以"莫须有"的罪名将阿弟关进地牢，并判了死刑，等待秋后问斩。阿秀听到这个消息后，似晴天霹雳，整日以泪洗面，哭瞎了双眼。在阿秀哭瞎了双眼以后，阿秀开始为秋后就要被问斩的阿弟一针一线地缝制绣球。针扎破了手，血流在了绣球上，被血浸染以后，绣球上的花更艳了，叶更绿了，鸟更鲜活了。

　　经过九九八十一天，载满阿秀对阿弟深深的爱恋，浸透了阿秀鲜血的绣球做好了。阿秀变卖了自己的首饰，买通了狱卒，在家人的陪伴下，在阴暗潮湿的地牢里摸到日思夜想、却已被折磨得骨瘦如柴的阿弟时，阿秀绝望了，摸索着从身上取出绣球戴在了阿弟的脖子上。这时，只见灵光一闪，阿秀、阿弟和家人便飘然落在远离恶魔的一处美丽富饶的山脚下。后来，阿秀和阿弟结婚了，生了一儿一女，靠着自己勤劳的双手，过上了幸福的生活。经过一传十，十传百，慢慢地，绣球就成了壮乡人民的吉祥物、壮乡青年男女爱情的信物，后来也就有了抛绣球、狮子滚绣球等民间活动。

图书在版编目（CIP）数据

古村镇／广西壮族自治区地方志编纂委员会办公室
编. -- 北京：社会科学文献出版社，2018.1
（广西风物图志.第一辑）
ISBN 978 - 7 - 5201 - 1910 - 8

Ⅰ.①古… Ⅱ.①广… Ⅲ.乡镇 - 概况 - 广西 - 图
集 Ⅳ.①K927.35 - 64

中国版本图书馆 CIP 数据核字（2017）第 297867 号

·广西风物图志·

广西风物图志（第一辑）·古村镇

著作权人／广西壮族自治区地方志编纂委员会办公室
编　　者／广西壮族自治区地方志编纂委员会办公室
著　　者／吕瑞荣

出 版 人／谢寿光
项目统筹／陈　颖
责任编辑／陈晴钰

出　　版／社会科学文献出版社·皮书出版分社（010）59367127
　　　　　　地址：北京市北三环中路甲 29 号院华龙大厦　邮编：100029
　　　　　　网址：www. ssap. com. cn
发　　行／市场营销中心（010）59367081　59367018
印　　装／三河市东方印刷有限公司

规　　格／开　本：880mm × 1230mm　1/32
　　　　　　印　张：8.125　字　数：139 千字
版　　次／2018 年 1 月第 1 版　2018 年 1 月第 1 次印刷
书　　号／ISBN 978 - 7 - 5201 - 1910 - 8
定　　价／59.00 元

本书如有印装质量问题，请与读者服务中心（010 -59367028）联系